此书为上海市浦东新区赴美教师志愿讲习团研究项目成果

English
Reading
Comprehension

 大夏书系·英语教学

# 英语阅读理解的八个核心策略

设计和工具

郑钢◎著

 华东师范大学出版社
全国百佳图书出版单位
·上海·

图书在版编目（CIP）数据

英语阅读理解的八个核心策略：设计和工具 / 郑钢著. —上海：华东师范大学出版社，2021.
ISBN 978-7-5760-1274-3

Ⅰ.①英… Ⅱ.①郑… Ⅲ.①英语—阅读教学—教学研究 Ⅳ.①H319.4

中国版本图书馆 CIP 数据核字（2021）第 026631 号

大夏书系·英语教学

## 英语阅读理解的八个核心策略：设计和工具

| | |
|---|---|
| 著　　者 | 郑　钢 |
| 责任编辑 | 任红瑚 |
| 责任校对 | 杨　坤 |
| 封面设计 | 淡晓库 |

| | |
|---|---|
| 出版发行 | 华东师范大学出版社 |
| 社　　址 | 上海市中山北路 3663 号　邮编　200062 |
| 网　　址 | www.ecnupress.com.cn |
| 电　　话 | 021-60821666　行政传真　021-62572105 |
| 客服电话 | 021-62865537 |
| 邮购电话 | 021-62869887　地址　上海市中山北路 3663 号华东师范大学校内先锋路口 |
| 网　　店 | http://hdsdcbs.tmall.com |

| | |
|---|---|
| 印 刷 者 | 北京密兴印刷有限公司 |
| 开　　本 | 700×1000　16 开 |
| 插　　页 | 2 |
| 印　　张 | 14 |
| 字　　数 | 160 千字 |
| 版　　次 | 2021 年 3 月第一版 |
| 印　　次 | 2024 年 8 月第三次 |
| 印　　数 | 7 101-8 100 |
| 书　　号 | ISBN 978-7-5760-1274-3 |
| 定　　价 | 55.00 元 |

| | |
|---|---|
| 出 版 人 | 王　焰 |

（如发现本版图书有印订质量问题，请寄回本社市场部调换或电话 021-62865537 联系）

# 目 录
Contents

前 言 / 1

## 第一章　阅读理解策略概述

阅读理解策略 / 2
　　理解和建构意义是阅读的核心 / 2
　　阅读理解策略理论发展的轨迹 / 4

阅读理解策略的分类 / 10
　　广义的阅读理解策略 / 10
　　狭义的阅读理解策略 / 13
　　以英语为母语的阅读理解策略教学 / 15
　　本书介绍的八个阅读理解核心策略 / 17

## 第二章　阅读理解策略教学的现实需要

当前阅读教学中存在的问题 / 20
　　阅读理解策略教学的缺失 / 21
　　语文阅读教学的启示 / 22

英语学科核心素养培养的需要 / 24
　　学习策略是英语学习的课程内容 / 24
　　阅读理解策略与理解性技能的关系 / 26
　　阅读理解策略与思维培养的关系 / 27
　　阅读理解策略与批判性思维的对应关系 / 29

阅读素养与阅读理解策略的关系 / 31
　　国际阅读素养测试 / 31
　　国内阅读素养探索与阅读理解策略的关系 / 32

# 第三章　阅读理解核心策略的教学方法和工具

联系 / 36
　　概念阐述 / 36
　　联系策略的作用 / 36
　　使用联系策略的教学建议 / 38
　　教学中的语言支架和工具支架 / 44
　　应用训练 / 54

预测 / 55
　　概念阐述 / 55
　　预测策略的作用 / 55
　　使用预测策略的教学建议 / 56
　　教学中的语言支架和工具支架 / 61
　　应用练习 / 67

想象 / 69
　　概念阐述 / 69
　　想象策略的作用 / 69
　　使用想象策略的教学建议 / 71

教学中的语言支架和工具支架 / 75
　　应用训练 / 80

**推理** / 82
　　概念阐述 / 82
　　推理策略的作用 / 82
　　使用推理策略的教学建议 / 85
　　教学中的语言支架和工具支架 / 90
　　应用训练 / 95

**提问质疑** / 97
　　概念阐述 / 97
　　提问质疑策略的作用 / 97
　　使用提问质疑策略的教学建议 / 100
　　教学中的语言支架和工具支架 / 111
　　应用训练 / 119

**确定重点** / 120
　　概念阐述 / 120
　　确定重点策略的作用 / 120
　　使用确定重点策略的教学建议 / 122
　　教学中的语言支架和工具支架 / 133
　　应用训练 / 144

**调控和修复** / 147
　　概念阐述 / 147
　　调控和修复策略的作用 / 147
　　使用调控和修复策略的教学建议 / 149
　　教学中的语言支架和工具支架 / 155
　　应用训练 / 160

形成观点 / 161

 概念阐述 / 161

 形成观点策略的作用 / 161

 使用形成观点策略的教学建议 / 163

 教学中的语言支架和工具支架 / 166

 应用训练 / 173

# 第四章 以阅读理解策略培养为目标的课堂教学设计和应用

阅读理解策略教学的模式 / 176

 阅读理解的模式 / 176

 阅读理解策略教学的形式 / 177

阅读理解策略教学的方法 / 180

 阅读理解策略教学的环节 / 180

 阅读理解策略教学的要点 / 186

 阅读过程中的理解策略综合性使用 / 188

阅读理解策略的学习评价 / 190

 阅读理解策略的学习评价原则 / 190

 阅读理解策略的学习评价视角 / 192

阅读理解策略的教学设计工具和案例 / 195

 教学设计工具 / 195

 教学案例 / 200

**附录1：第三章练习参考答案** / 209

**附录2：参考文献** / 212

# 前　言

阅读是一个永恒的话题，也是热门的话题。一年前出版的拙著《怎样让学生爱上阅读》一书，主要面向家庭阅读、社会阅读和语文阅读教学，其中第三部分主要介绍了一些阅读策略。对于阅读策略的认识和体会主要来自对国外英语阅读策略的关注，引发了我的思考，并将之迁移到国内的语文阅读。在撰写《怎样让学生爱上阅读》一书时，有个想法一直盘旋在脑海：是否还可以回归到英语教学，从国内英语阅读教学的角度介绍阅读理解策略？

细思深想，这样的想法是有土壤和现实意义的。阅读的本质是理解，而不仅仅是解码文字或者浏览视觉信息。阅读教学的根本任务就是使得学生通过创造性的思考理解文本，建构意义。阅读理解策略教学已成为国外英语教学的重要领域。阅读理解策略，无论是理论层面，还是实践层面，在英语教学界独领风骚，自成体系，已成为阅读策略的重要组成部分。研究者研究阅读者的理解是如何发生的；研究为什么有些人阅读非常出色，而有的人常常在阅读理解时发生困难；研究借助于何种方法能够提升读者的理解能力。自1970年代后期，许多阅读策略教学的相关研究指出：由于阅读理解策略的使用与阅读理解之间具有高相关性，课堂应该指导学生充分练习直至掌握这些策略。

在我们的英语阅读课堂上，有不少学生对阅读没有兴趣，或者阅读困难。尽管我们花了大量的时间进行阅读教学，但是成效不高，学生的英语阅读能力最终并不能满足他们生活和工作的需求，离积极、主动的阅读者的要求还有一定距离。学生缺少针对性的阅读策略指导。阅读理解策略教学将有助于解决阅读教学中存在的问题。

阅读理解策略的重要性，还与阅读的另一个重要特点有关。阅读是读者与文本及作者积极互动，产生意义的过程。阅读理解策略的使用能够促进读者与文本及作者进行深入、积极的互动，这也是国际社会倡导的终身学习、积极阅读的理念。一个人要瞭望世界，获取知识（Read to learn），先要学会阅读（Learn to read），掌握阅读的方法。学会学习和阅读的任务应该是在课堂上、在学校里完成的，是应该从小培养的。只有学会学习和阅读，学生今后才会在浩瀚的信息海洋中汲取精华，才能有分析判断能力和批判性思维，才能适应未来社会的快速发展。

新一轮课程改革的育人观正在发生深刻变化，强调从知识导向走向素养导向，从而培养能够适应终身发展和社会发展需要的必备品格和关键能力。英语课程标准提到了发展学生思维品质的素养目标。这样的导向体现了语言的本质：语言既是文化的载体，也是思维的工具。理解策略教学的本质是培养学生的思维能力，理解策略教学对于英语课程改革具有积极的意义。

如今国外英语阅读理解策略体现了这样的特征："战略"上高度重视，"战术"上百花齐放，"战备"上资源丰富。大家对于阅读理解策略教学极其重视，一致认可阅读理解策略对于提升学生阅读能力的重要性，但是在界定、分类上尚未有非常严谨和统一的说法。本书所介绍的八个理解策略，是从国外比较权威的英语和第二语言阅读研究成果中提炼出来的，属于关键和核心策略。这八个策略分别是联系、预测、想象、推理、提问质疑、确定重点、调控和修复、形成观点。每个策略的介绍从概念、理论、教学建议、语言工具支架、训练五个方面展开，告诉大家策略是怎样的，如何教学，用什么教，等等。

本书借鉴国外阅读理解策略研究的方法和英语教学的经验，从每一个策略的思维特点出发，设计和改编了一些教学支架，如教学语言和工具，以便教师用于课堂教学和指导。此外，本书还结合国内教材和国内英语教育改革的方向，设计了教学片段或者案例，将理论与实践结合起来。希望此书对一线英语教师认识阅读理解策略的意义，开展阅读理解策略教学研究和实践，提高阅读教学的教学效果，具有借鉴作用，也希望此书能对国内一线的语文教师有所启发。语言是不同的，但是思维是相同的。

"千层之台始于垒土，怀抱之木始于毫末。"无论是想法的萌芽和成型，还是资料收集和研究，为书稿作准备是一个漫长的过程。但是，这本书的"瓜熟蒂落"是在特殊的阶段完成的。这个特殊阶段是一场突如其来的疫情带来的。新冠疫情以一种前所未有的惨烈方式，使得所有人的工作和生活按下了"暂停键"。正因为超长假期以及每天闭户居家，所以才能用心研究，潜心看书，静心码字。我想这本书，或许是对这个特殊时期的别样的留存或纪念。

在此书付梓之际，特别感谢曾经的同事井颖老师，对这本书进行修改并提出建议。更要感谢的是女儿郑朵霏，同样是超长假期的缘故，她一直陪伴在我身边，还给我充当小秘书，收集和处理资料、校对文字、核对数据。系统地介绍和应用英语阅读理解策略教学是一种新的尝试，而且时间仓促，经验不足，因此书中肯定还存在不足之处，恳请同行不吝赐教。

郑钢

2020年4月

# 第一章
# 阅读理解策略概述

*Chapter1*

# 阅读理解策略

## 理解和建构意义是阅读的核心

阅读是一项最基本的语言技能及信息获取和交流的方式，也是通过与文本互动，理解并建构意义的活动。认识阅读这一本质特点有助于教师开展阅读教学，提高阅读教学效果，培养学生阅读兴趣，提高学生阅读能力。

认知心理学、心理语言学、社会语言学和诠释学等许多理论从不同角度阐释了阅读发生的本质特点：阅读的过程是理解文本并建构意义的过程。从认知心理学的角度看，阅读就是一个信息加工的过程，是感知输入的转换、简化、加工、存储和应用的全过程，是感知输入的编码、储存和提取的全过程。认知心理学家雷斯尼克曾对阅读有一个堪称经典的定义：阅读是一种构造过程。在这个过程中读者的推断能力与他原来的知识起关键性作用。因而，阅读不是读者被动地吸收而是积极主动的"构造过程"，是将已经具有的知识建造新的意义的过程。

吉布森和莱文（Gibson & Levin, 1975）关于阅读的定义被认为具有一定的综合性和典型性而被许多人所接受，他们认为，"阅读乃是从课文中提取意义的过程"。为了能够从课文中提取意义，读者需要做到：

（1）把书写符号译码为声音；
（2）具有相应的心理词典，因而可以从语义记忆中获得书写词的意义；
（3）能够把这些词的意义进行整合。

克拉克、西尔伯斯坦和维德森（Clarke, Silberstein & Widdewson, 1978, 1983）则把阅读看成是积极的过程，阅读是读者与文章、作者的交流过程，宛如两人面对面谈话，有问有答。在阅读中，读者根据文字持续提供的信息，联系已有的语言知识、背景知识、世界知识，对文本依次作出反应。他们还说："成功的阅读是一个创造过程，读者和阅读材料相互交流，创造意义。"

伽达默尔诠释学是解释文本理解的科学，对阅读理解具有强大的解释力。伽达默尔诠释理论对阅读理解有重要的启示：第一，阅读理解是一个读者主动构建意义的过程；第二，阅读理解产生于读者与作者、文本三者之间的视域融合；第三，阅读理解的重要意义在于读者的自我理解和自我塑造。伽达默尔诠释理论打开了阅读研究的新视野，推动了人们对阅读理解的认识。

依据以上的定义和理论，可以对学生在阅读中的理解过程作出以下解释：

（1）阅读理解的实质是主动建构意义的过程。

（2）阅读理解是学生根据自己原有知识和经验，运用预测、推理、联想、想象和分析等策略，理解文本、生成意义的过程。

（3）阅读理解是在自我与作者、文本三者之间的融合和互动中实现的，具有独特性、互动性、实践性和创造性的特点。

（4）阅读理解教学的目标是培养积极、主动和终身的阅读者。

如今的英语教学已经从纯知识的教学转向了语言综合运用能力的培养，转向深度学习的教学。在这个过程中，促进理解和意义建构的阅读策略备受关注，而且，随着英语阅读理论和认知心理学的进展，阅读理解策略得到越来越多研究者的重视。教师应该重新认识阅读教学，认识阅读理解，将提高学生阅读理解能力作为阅读教学的重要目标，通过阅读理解策略的教学引导学生在阅读中关注文本的理解和意义的建构，从而培养学生阅读素养。

## 阅读理解策略理论发展的轨迹

阅读理解策略是语言学习策略的一部分，是与语言学习策略理论和实践协同发展的。

1. 语言学习策略

1971年，鲁宾（Rubin）开始着手研究语言善学者的学习策略，并于1975年在权威杂志《对以英语作为第二语言的学生英语教学季刊》(TESOL Quarterly) 第9期上发表了她的经典论文《优秀的语言学习者能给我们什么启发》(*What the Good Language Learner Can Teach Us*)，正式提出了语言学习策略概念，标志着语言学习策略正式登上了英语教学研究的历史舞台。

对语言学习策略研究的重视是与当时教育理念的变化和教育研究所取得的成果密切相关的。首先，人们对教师和学生在语言学习中的角色认识发生了深刻的变化。人们认为学生应该是英语课堂的主角，是英语学习的主人，学生的自我学习意识和能力在提高英语学习效果中起到积极的作用，教学研究的重心应从"如何教"转向"如何学"。其次，学习者的学习风格存在着差异，学习风格是学习者持续一贯的带有个性特征的学习方式，是学习策略和学习倾向的综合。一个学生的学习方法和策略不一定适用于另一个学生。再次，就是终身学习者理念的兴起。社会和经济的快速发展、技术的创新和变革日益影响人们的生活，人们逐渐认识到，当学生走出校门，并不意味着学习的结束，只是一段学习经历的结束，他们将开启另一段更重要的学习旅程，这就是终身学习。终身学习要求学生学会自我管理，知道如何管理和调控自己的学习，从而成为积极和终身的学习者。培养学生学会学习已成为教育的重要使命和任务，而学习策略对于培养学生成为积极的和终身的学习者具有重要的作用和价值。

学习策略理论在推动语言策略研究和实践中发挥了推波助澜的作用。弗拉维尔（Flavell, 1971）提出"元认知"概念，丰富了学习策略理论的内涵，促进了学习策略研究的发展。之后，元认知知识成为1996年布鲁姆教育目标分类新发展理论的组成部分，布鲁姆教育目标分类法新版超越了原有知识分类的界定，增加了元认知知识类型，把策略知识、认知任务的知识以及自我的知识作为元认知知识的子类，这在以往的分类中是没有的。

由于策略和语言学习的复杂性，众多研究者对语言学习策略概念的界定莫衷一是，各抒己见，其中最为重要的争议是关于策略的定义和归类，学术界存在着四个分歧：首先，策略究竟是指可视行为，还是指大脑中无法观察到的心理活动，还是两者兼而有之。其次，策略是指某人学习语言方法的总体特点，还是指完成某个具体的任务所采取的技巧。再次，学习策略是否在学习者意识（潜意识）范围之中。最后，策略能否对语言的发展产生直接的作用。

埃利斯（Ellis，1994）认为定义语言学习策略最好的方法是列出它们的主要特点，因此他列出了以下8个特点：

（1）策略可以指总的学习方法，也可以指第二语言学习的具体活动或技巧。

（2）策略以解决问题为出发点，即学习者采用学习策略是为了解决在学习中碰到的一些具体问题。

（3）学习者一般都能意识到所用的策略，并能够描述策略的内容；

（4）策略涉及语言或非语言的活动。

（5）语言学习策略能够运用母语或非母语执行。

（6）有些策略是外部可观察得到的行为，有些策略是不能直接观察得到的内部心理活动。

（7）大部分策略为学习者提供可处理的语言信息，因此对语言学习有间接的影响，但有些策略也可能对学习产生直接的影响。

（8）策略的运用因事因人而异。

埃利斯的观点是从特点的角度认识、理解、研究和实践语言学习策略，并未给出清晰的分类和定义，但是给我们提供了比较完整的认识视角，有助于我们了解语言学习策略的本质。马利和查莫（Malley &

Chamot，1990）合作出版新著《第二语言学习策略》，以认知心理学为基础，把学习策略分为元认知策略、认知策略和社会（情感）策略，构成了比较严谨的语言学习策略理论体系，是当前影响较大的语言学习策略理论，涉及语言学习本身的认知领域，还涉及或者影响语言使用的情感、态度等非认知领域。

《普通高中英语课程标准（2017年版）》对学习策略是如此分类的：学生在学习和运用英语的过程中常用的策略包括元认知策略、认知策略、交际策略和情感策略等。显而易见，如此的论述受到了马利和查莫的语言学习策略理论较大的影响。以下是马利和查莫的语言学习策略中母语（英语为母语）和外语（英语为外语）学习的具体策略。

（1）认知策略：指处理具体的学习任务，比如对材料本身直接进行加工的方式、方法，如归纳、演绎、分类、记笔记、想象、关键词表达、语境化、说明、迁移、推理等。从外语学习者的视角来看还表现为以下策略（但不限于）：

- 演习策略：多次说或者写所学的内容，达到熟练掌握的目的。
- 精制策略：将所学的新知识或者信息与学习者已有的知识联系起来。
- 交际策略：帮助学习者使用目的语交际，补偿未学到的语言。
- 近似策略：将自己的表达尽量地接近地道和原汁原味的表达方式。
- 换说策略：学习者采用适合自己的方式表达，或者改变原来不正确的方式。

（2）社会/情感策略：包括交际策略、合作性策略、移情策略、自我情绪控制策略等（注：此处的交际策略不同于第一个认知策略的交际策略，此处的交际策略帮助学习者如何交际，是从过程和交往方式入手）。从外语学习者的视角来看还表现为以下策略（但不限于）：

- 基于厘清概念目的的提问策略：学习者在学习过程中提出问题，帮助自己厘清概念，理解内容，生成意义。
- 自我对话策略：学习者默默地或者轻声地鼓励自己，增强自信心，减少焦虑，这也是积极的心理暗示。

（3）元认知策略：指学生的自我意识和自我调控，包括自我计划、选择策略、自我组织、自我控制、自我调节等。从外语学习者的视角来看还包含以下策略（但不限于）：

- 自我监控策略：以阅读为例，学习者在阅读过程中自我监控阅读的效果，会自我提问和回答以下问题——"如何决定先阅读哪部分？""在阅读过程中我停下来重读了吗？""当阅读中遇到障碍时采取什么办法？""如何知道补救措施有效？"提出和解决这些问题是阅读自我监控策略的应用。
- 口语和书面语的组织策略：在学习者开始写作前，会先写概念图或者框架；在准备发言前，会先写提纲或者注释。
- 比较策略：学习者在学习第二语言时，会有意识地比较母语（指学习者的第一语言）和外语间的区别。

总而言之，英语语言学习策略是学习者在学习语言过程中为了提高语言学习效率，解决语言学习中的问题或困难，有意识或无意识地在大脑里内在的思考和采取的外在行为。奥克斯福德（Oxford，1990）认为语言学习策略的应用会使语言学习变得更容易，更快速，更具有学习者自主导向，更有效果，更具灵活性。所以，如果语言学习者在语言学习中能熟练掌握和应用策略的话，就能激发自己的学习动机和兴趣，有效地提高学习效率，成为积极、自主和终身的阅读者。

2. 阅读策略

如果我们把语言学习策略界定为"学习者在学习语言过程中为了提高语言学习效率，解决语言学习中的问题或困难，有意识或无意识地大脑里内在的思考和采取的外在行为"，那么阅读策略可以界定为"阅读者在阅读过程中为了提高阅读效率，解决阅读中的问题或困难，有意识或无意识地大脑里内在的思考和采取的外在行为"。约翰逊（Johnson，1998）认为，阅读策略是指学习者为解决阅读中的困难而采取的行为、活动和过程。

阅读教学是英语学科教学的重要组成部分，语言学习策略的研究对于阅读教学有着积极的指导作用。然而，阅读还有不同于语言学习的听、说、看和写等领域的特点。关于什么是阅读策略，不同的语言学家、心理学家给出的定义也是不同的。萨林（Saring，1987）将阅读策略划分为四类：一是技巧类策略，如略读、跳读、写关键词、做标记等；二是归类简化策略，如替代、解释等；三是衔接发现策略，如利用图式预测下文、标记文章中的总结、辨认重点等；四是监控策略，如随情况改变计划、调整阅读速度、自我评价、纠正错误等。

博克（Bock，1986）将阅读策略分为两大类：整体理解策略和局部语言策略。整体理解策略包括预测内容、识别篇章结构、整合信息、质疑信息、解释文章、激活背景知识、联想、审视自己的阅读行为、监控、理解、纠错以及体验阅读内容的情感色彩。局部语言策略包括释义重读、质疑句子含义、质疑单词含义以及用法。这是国外研究者对于阅读策略比较全面和客观的一种认识和理解。

分析马利和查莫的语言学习策略分类以及萨林和博克的阅读策略分类，我们可以发现语言学习策略和阅读策略既有重合的地方，又有不同的地方。重合的部分多与语言学习的普遍性有关，如部分元认知策略和情感策略；不同的地方多与阅读本身的认知特点有关，如想象、推理、归纳、形成观点等等。认知策略与大脑接收处理信息的过程有密切联系。阅读的过程中，学生接收和处理信息的认知过程与听、说、写和看的认知过程存在着较大的差异，因而阅读策略与听说写看的策略也存在不同之处。

自21世纪以来，阅读策略作为一种语言思维和能力培养的工具和方法，已经从英语作为母语的研究走向英语作为母语/外语的研究。徐国辉（2019）认为无论是在国外还是在国内，研究已呈现出从量到质、从主观经验到实证研究、从关注文本特征到关注优秀读者特征、从关注阅读理解到关注阅读表达、从关注母语与外语差异到关注二者共性等的转变。

3. 阅读理解策略

理解是阅读的核心，也是阅读的目的。只有理解了，读者才会读懂含义，才会建构意义。有些读者只会对文字进行解码，而不会理解文本；有些阅读者只是阅读到文字的表面意思，而没有阅读到文本字里行间所蕴含的意义。甚至，有些学习者只是用眼睛像扫描仪一样扫描文字，文字信息并没有进入大脑，这样的阅读没有达到理解，更没有产生意义。我们常常说这样的阅读是"虚假阅读"和"表面阅读"，离真正的阅读相差甚远。

如何解决"虚假阅读"和"表面阅读"的问题？如何使读者能真正理解文本，建构意义？众多研究者从阅读策略中进一步"聚焦"到理解的层面，研究哪些策略能促进阅读理解的发生和意义建构，由此产生了重要的阅读教学理论支系——阅读理解策略。如今阅读理解策略的研究已成为阅读教学中重要的领域。

阅读理解策略（reading comprehension strategy）是指阅读者为理解文本和建构意义而进行的思维活动或采取的具体行为。阅读理解策略的教学在阅读教学中具有特殊和重要的意义，能够帮助解决阅读的核心问题——理解文本和建构意义。

要说明的是，语言学习策略、阅读策略和阅读理解策略三者的概念是不同的，但具有内在的从属和交叉关系。语言学习策略从范畴来说，覆盖整个语言学习领域，阅读和阅读理解策略从属于语言学习策略；其次，阅读是与英语中听说写看其他四个领域平行的领域，阅读策略是为了解决阅读中存在的问题而采取的策略，而阅读理解策略是为了促进阅读理解而采取的策略，从属于阅读策略。

# 阅读理解策略的分类

## 广义的阅读理解策略

阅读是一种高度复杂的语言心理活动，而且策略本身也具有高度的复杂性。正如学术界对策略的定义尚未达成共识，阅读理解策略在理论和实践中也以多种概念或者名字出现，如策略（strategy），技能（skill），还有技巧（technique）。

在有关阅读的文献中，"技能"和"策略"是经常使用的术语。然而，研究表明，阅读技能和阅读策略是不同的。根据阿弗莱巴赫、皮尔逊和帕里斯（Afflerbach, Pearson & Parris, 2008）的研究，区别在于是自动的还是有意控制的。他们将阅读策略定义为"有意识地、目标导向地控制阅读，解码文本，理解单词和构建文本意义"。相反，阅读技能通常是"在无意识和无控制下发生的，与之相随的解码和理解行为是快速的、高效的、流畅的"。

换句话说，阅读策略的特点是控制，目标导向，读者能意识到自己的阅读行为，而阅读技能是出于习惯而自动发挥作用。根据这一表述，两者不同，但是它们是相互关联的，可以转化的。策略经常被练习和成功使用，可能会演变成技能。例如，如果学生在阅读理解产生困难时，可能会放慢其阅读速度，重新阅读文本，以增加理解。如果这个策略是成功的，学生会继续使用它。久而久之，这一策略可能越来越不需要控制地使用，以至于变得自动和无意识。此时，阅读策略变成了一种无需努力和控制的阅读技能。

还有研究者提出的说法是"习惯"（habit）。"习惯"的提出者是兹维弗斯（Zwiefers），他认为"习惯"的定义比起策略来，更容易体现阅读过程中人自发的、无意识的，从文本中建构意义的思维过程。从心理的角度看，阅读习惯是人在大脑中习以为常并瞬间发生的无意识行为，帮助一名优秀的阅读者积极地建构意义。尽管我们很少意识到阅读习惯，但是阅读习惯却时时在发挥作用。他还举例：一个优秀的读者极少会停下来想，"我应该把文本与我的背景知识联系起来""这是预测的时候了""此时，我应该想象了"。一个优秀的读者通常是在极短的时间内完成这些想法的，有时甚至没有思考，是潜意识的。而且，这些习惯是下意识地交叉发生的。例如，阅读完文章的第一段，即将阅读第二段时，优秀的读者会即刻总结和提炼、质疑人物动机、推理某一件事的起因、梳理中心思想和主旨、猜测单词的意义，并预测接下来发生什么。

当然，最普遍和最受认同的提法是策略，因为语言学习策略的概念长期以来得到了研究者和一线教师的认可。而且，阅读理解是读者与文本双向、主动的加工及处理信息的互动过程，而不是单向、被动地接收信息，更倾向于思维活动。尽管人们对于策略究竟是思维还是行为没有明确的定论，但是读者在应用策略时，一开始更多地依赖于有意识或者无意识的思维活动。对策略、技能、技巧，或是习惯的讨论和分析，会有助于我们对阅读理解的认识。

据不完全统计，与阅读理解策略有关的提法最多达45种，如监控、注释、预测、给予结论、知道人物性格和情感、理解情节、确定人称、确定中心思想、确定事实或细节、确定作者写作意图、理清事件顺序、识别事实或者观点、确定起因和结果、确定修辞语言、总结、确定主题、比较、确定文本结构、理解文章体裁、确定问题和方法、扫读、细读、推理、鉴别重点、联想、可视化、前后关联、激活背景知识、阐释、确定阅读目的，等等，不过其中更多的被认为是技能。

在读者阅读过程中，语言技能和阅读策略二者之间是并存或者交叉的关系，会共同作用，完成阅读任务。例如，在确定语篇的主题意义时，读者要确定文本的重点信息，并借助语篇标题、图示和关键词来推测中心意思，这个过程既体现了阅读技能的运用，也体现了理解策略的运用。当一个读者熟练掌握了阅读理解策略时，在阅读过程中所表现出来的行为，便具有了能力和技能的倾向。例如，在推理文本的主旨时，读者有意识地根据个人已有背景知识，结合文本中的线索，进行推理并得出结论，这本身是阅读理解策略的应用，也是推理能力的表现。

国内英语阅读教学常见的阅读理解策略或技能主要包括激活背景知识、略读、推理、扫读、精读等等，其中略读（skimming）和扫读（scanning）最为常见。阅读教学一般会采用先略读再扫读的流程。略读是为了抓住文章的要点，扫读的目的是为了寻找某一特定信息而大致地快速浏览。对于这样的模式，国内有研究者提出了不同意见。谢忠平（2017）"对略读和扫读技能产生了质疑，甚至开始否定这种仅仅以此为阅读支架的阅读策略"，他认为"如此的支架本是助一臂之力的好事，也确实在众多场合给予了我们解决阅读问题的方法，但凡事讲究度，若视支架为目标，以略读和扫读技能为阅读宗旨，是否以偏概全"。

笔者对此颇为认可，略读和扫读通常与两个层面的信息处理和收集有关，其一是整体层面，处理文章的主旨大意，其二是微观层面，处理的是具体的细节，涉及事实和概念等。在某种程度上，这两种策略主要与信息确定或找寻有关，与完成作业或者考试中的答题有关。

如果任务过分强调跟踪文字信息，学生实际上可以绕过阅读，浏览一下，将细节记录下来，就能完成任务。学生只是"定位和复制"，理解并没有发生，这样阅读活动与理解和意义建构的阅读教学目标相差甚远。而且略读和扫读这两个策略的应用较少涉及评价、分析、综合和批判性思维等层面，仅仅停留在"知道"和"了解"的低思维层面。略读和扫读策略模式化的应用还会导致一个结果，那就是学生的阅读兴趣和探究欲望消失殆尽，学生只是机械地按照"先略读再扫读"的程序化的阅读模式完成阅读。而且，学生在应用略读和扫读策略时，文本与学生本人的生活经验很少发生联系，导致学生提不起阅读兴趣。学生会认为阅读与自己的生活和体验无关，阅读的任务只是为了完成答题，具有很强的功利性。

国外的研究者也从母语或外语的角度，提到略读和扫读策略在实际使用中存在的问题。安德森（Anderson，2009）指出，在目前的阅读教学中有一个常见的误区，即很多阅读教学活动的目的是检测学生阅读理解的结果，而不是帮助学生去理解。这样的阅读活动只能说明学生是否理解了阅读材料的某些内容（而非全部内容）。如果学生理解了，教师并不清楚学生是如何理解的。如果学生不理解，教师也不知道学生不理解的原因，不知道如何用方法和策略帮助学生解决问题。

显而易见，以信息查找或检测为目标的阅读活动并不能真正提高学生的阅读理解能力，并不能促进学生的思维发展和情感体验。阅读教学的目的不仅仅在于学生获得了多少信息，更在于学生拥有理解阅读材料所表达的意思的能力，并且能够与自我经历、经验发生联系，通过理解、分析、批判性评价，最终形成自己的观点和判断。

## 狭义的阅读理解策略

博劳克和帕里斯（Block & Parris，2008）基于近30年的相关研究文献指出，2000年之前的阅读策略名目繁多，但是缺乏实证基础，且对基础弱的学习者缺乏实效。进而他们梳理出具有科学基础且被证实高效的九种关键阅读理解策略，即预测、监控、提问、可视化、回读与修补、推断、主旨概括、评价、整合。帕里和海德利（Parri & Headley，2015）在以上研究的基础上增加了"建立联结"（making connections）这一策略，并指出"在众多阅读策略当中，'建立联结'应是最重要的阅读策略之一"。

这些策略是研究者用"成功的阅读者"的视角研究而得出的。他们用实验观察和科学实证的方法，分析成功阅读者和不成功阅读者的特点和区别，研究哪些行为促进优秀的阅读者产生理解。研究发现，优秀的阅读者通常拥有关键的阅读理解策略，会在大脑里一直与文本开展对话和互动，持续的对话和互动帮助他们理解和阐释文本。

齐默尔曼和哈钦斯（Zimmermann & Hutchins，2003）经过研究，认为优秀的阅读者具有以下九大特征：

（1）阅读时明确阅读的目的。

（2）总是能够联想他们以前学到的知识或阅读过的文字。

（3）确保他们是真的理解所阅读的文字。

（4）尽可能地观察和分析文中的图片。

（5）预测阅读时接下来会发生什么。

（6）在他们的脑海中想象。

（7）对他们所读的内容进行总结。

（8）总是努力理解新的词汇。

（9）将阅读当作爱好，持续阅读。

还有一组研究者是皮尔逊（Pearson）和他的同事，他们也从优秀的阅读者的特征的角度界定阅读理解策略，他们认为优秀的阅读者具有以下特征：

（1）使用个人已有的知识理解新的信息和内容。

（2）读前、读中、读后会提问题，质疑。

（3）在阅读时推理。

（4）监控阅读过程和理解效果。

（5）当理解困难时，他们会调整阅读方式并使用修复策略。

（6）会识别什么是重要和次要的内容。

（7）会分析、判断和综合信息，生成新的观点。

研究者得出的结论显示，会阅读的读者在阅读理解和建构意义时，一直与文本发生互动和对话，他们在大脑里听到有个声音在和自己对话，这个声音提出问题，联系已有的背景知识，笑出来，甚至叫出来。这种对话和声音帮助读者监控他们的理解，并使自己投入到阅读材料中，并建立理解。

研究结果还显示，当教师把这种声音和对话告诉、演示给学生后，学生也会慢慢地建立使用这些策略的意识，如提问、联系、确定重点。教师应该系统化地教授阅读理解策略，使学生在阅读过程中能积极地思考，更好地理解文本,成为积极、独立、意义建构的阅读者。优秀的阅读者在阅读的时候不仅具有良好的阅读习惯,还在读前、读中和读后始终应用阅读理解策略,从而达到了理解文本和建构意义的目的。

## 以英语为母语的阅读理解策略教学

相比阅读技能、阅读技巧,阅读理解策略的教学对于英语阅读素养的培养更具有实践意义,它成了近年国际阅读教育研究的热门领域之一,是阅读教学改革的重要突破口。时至今日,阅读理解策略教学已经被写进世界上不少国家和地区的母语课程标准,成为阅读教学的重要内容。

例如,英国2013年9月颁布的英语国家课程框架,要求一年级学生通过归纳、自检、讨论、推断、预测等阅读策略来提升自己的阅读理解力;对二年级学生则又加入了自我提问阅读策略;三、四年级要求学生区分文章的主要观点,知道形式与意义之间的关联。随着年级的增加,策略应用的数量和要求也逐渐增加。新西兰、澳大利亚、加拿大等很多国家也将阅读理解策略纳入阅读教学的范畴。

美国的阅读教学的主要任务之一是教会学生主动地应用阅读策略,使得学生具有在阅读过程中有效运用预测、关联、想象、提问和总结等策略的能力。他们认为阅读的核心是理解,是思考,是对话,将阅读理解定义为一个积极的互动过程,一个建立文本与自我、文本与文本、文本与世界意义关联的过程。阅读理解策略是促进学生理解、思考和对话的重要手段,是促进学生有目的地建构意义和理解文本的精神行为。教师应该引导学生将策略应用视为一个独立建构意义的手段和工具,鼓励学生对正在阅读的文本细节进行"建设性地响应"。

以下是美国共同核心课程标准(英语艺术)中阅读部分的阅读理解策略要求。

## 美国英语艺术共同核心课程标准的阅读理解策略

| 维 度 | 阅读标准 | 对应的理解策略 |
|---|---|---|
| 中心思想和细节（Key ideas and details） | 1. 精读文本，清楚地知道文本表达的重要内容，并进行合理地推理，在书面或者口头总结文本时能够合理地引用文本中的证据。 | 联系、推理、确定重点 |
| | 2. 提炼文本的中心思想或者主题，分析中心思想或主题的发展，区别主要内容和支持性细节。 | 提问质疑、确定重点、形成观点 |
| | 3. 分析人物、事件和思想是为何和如何发展的，在阅读的过程中始终与文本进行互动。 | 联系、推理、确定重点、提问质疑、形成观点 |
| 写作手法和文本结构（Craft and structure） | 4. 理解词汇和短语在文本中的意思，包括技术性术语的本体意思、内涵意义、比喻性意义，分析词汇的特定用法是如何影响意义或者文章的基调的。 | 联系、推理、想象 |
| | 5. 分析文本的结构，包括句子、段落或者章节是如何与文本主旨保持一致的。 | 确定重点、提问质疑、形成观点 |
| | 6. 评价作者的观点和写作目的是如何影响文本风格和内容的。 | 提问质疑、推理 |
| 知识和观点的整合、分析（Integration of knowledge and ideas） | 7. 整合和评价以不同媒介、形式呈现的文本内容，包括视觉化的图片、数据表格以及文字。 | 提问质疑、想象、形成观点 |
| | 8. 描述和评价文本中的论点与具体主张，包括推理的有效性以及证据的相关性和充分性。 | 提问质疑、确定重点、形成观点 |
| | 9. 分析两个或多个文本如何围绕一个主题进行演绎，比较和学习作者的写作手法。 | 联系、确定重点、提问质疑、形成观点 |
| 文本的深度和广度（Range of reading and level of text complexity） | 10. 独立和高效地阅读各种文本。 | 联系、想象、提问质疑 |

改编自：Reading Comprehension and the Common Core State Standards'Anchor Standards for Reading by Doug Buehl.*Classroom strategies for interactive learning (4th ed.)(p.20).* Newark, DE: International Reading Association, 2014.

图表里的每一条内容维度和能力标准都有一一对应的理解策略。这是美国课程研究者根据英语阅读的内容学习和能力标准而界定的阅读理解策略，不同的学习内容和能力标准对于学生思维的要求不同，导致了理解策略的不同。例如，提炼作者主旨或者文本主题通常是阅读的任务，要完成这个任务，学生就要不断地提问自己"Why did the author choose this title?"还要确定经常出现的信息是什么，重点是什么，文本的结构以及作者的目的是什么。然后在此基础上，结合已有的背景知识，联系阅读经验，得出自己的观点。这个过程就是提问质疑、确定重点和形成观点三个策略综合应用的过程，缺一不可，否则会影响阅读任务的完成。

## 本书介绍的八个阅读理解核心策略

几十年来，阅读理解策略已经成为英语和外语阅读教学关注的重要领域，在研究和实践上积累了丰富的成果。面对如此浩繁的策略教学，若无有序及有法的教学，想要达到目标实非易事。研究者基于"成功的阅读者"的行为和思维进行研究分析，对阅读理解策略的定义、界定和分类达成了较为一致的看法。齐默尔曼（Zimmermann）、哈钦斯（Hutchins）、米勒（Miller）、哈维（Harvy）、博伊尔（Boyles）、茨威尔斯（Zweiers）和莫雷利昂（Moreilion）等研究者在各自关于阅读策略的代表著作中提到了若干阅读理解核心策略。本书是在这些研究成果的基础上，提炼出八个适合于外语阅读的核心理解策略。在此从优秀阅读者的视角做简略介绍：

（1）联系：优秀的阅读者总会把读到的内容与自己所知或所经历的事联系起来。联系的维度有三个：自我的生活、经验、以前的知识；相关书籍、文章、电影或者歌曲等各种形式的文本；社会事件或热点、历史事件、人物、世界事件。

（2）预测：优秀的阅读者在阅读时会预测文本中将出现的单词或情节，会运用原有知识、有关语言结构的知识以及从文本中提取的形象化信息帮助自己进行预测。优秀的阅读者阅读时会持续进行预测，检验自己的预测是否正确，当从文本中收集到新的信息时还会纠正自己的预测。

（3）想象：优秀的阅读者阅读时会在脑海里想象读到的内容，并且能够在想象的地方标上记号或者在有助于理解文本的句子上标记号，或者使用各种感官，将文本里的人物、事件和想法连接起来，阐述或描述脑海里的图片。会想象的阅读者会在阅读时想象什么正在发生，预测接下来将发生什么。当一个图像出现在脑海时，产生连锁反应，衍生更多的图像。

（4）推理：推理是整个阅读理解过程的中心环节，它可以定义为读者为获取书面文章的隐含之意所经历的认知过程，运用推理能力补充文章中的隐含之意，形成连贯的理解再现出来。优秀的阅读者会从文本的字里行间读出弦外之意，基于背景知识和文本线索得出结论。

（5）提问质疑：优秀的阅读者总会在读前、读中和读后提出问题，从而更好地理解作者和文本内容。在阅读时读者是通过提问质疑与文本对话、与自己对话、与作者对话，例如作者想要表达什么观点？这份材料传递了何种信息？我还知道关于这个主题的其他内容吗？我能从文本中学习到什么？等等。

（6）抓住重点：优秀的阅读者会寻找或确定帮助他们提炼中心思想的材料。关键词、经常出现的词汇、文本结构以及题目和标题、粗体字、图片、说明文字、图表和图形、章节重点说明和问题等文本特征有助于学生抓住重点内容。

（7）形成观点：优秀的阅读者会在阅读时结合自己已有的知识，产生新的想法或者理解。形成观点需要比较和对比所读的与自己所知道的，或者在多种文本阅读的基础上比较自己所读的与其他的文本，生成独特的理解。优秀的阅读者会提炼整个文本的主线，在文本内部建立联系，形成自己的判断、观点或者看法。

（8）调控和修复：优秀的阅读者会在阅读时监控自己的阅读过程，管理自己的阅读行为。当阅读者意识到自己阅读中断或者发生困难时，会采取相应的措施修复，从而确保自己一直在阅读，一直在理解文本。

# 第二章
## 阅读理解策略教学的现实需要

# 当前阅读教学中存在的问题

英语阅读作为语言输入的重要环节之一，也是语言技能的重要组成部分，在英语教学中占有重要地位。然而，由于当前阅读教学受到应试教育的影响，以及对阅读缺乏清晰的认识和定位，教师常常以培养应试能力为主要教学目标。

课堂上，教师将绝大多数时间用于处理教材，主要关注词汇和语法的教学，缺乏对阅读方法、思维和习惯的培养。相当一部分教师对培养学生思维能力的重要性认识不足，课堂任务和活动仅仅是处理文本的浅层信息，缺乏分析、判断、综合和批判性思维的要求。此外，阅读的文本类型单一，仅仅是围绕教材和试题的材料阅读，如此一来，不仅限制了学生的阅读视野，还在很大程度上阻碍了学生的个性化发展。

当学生阅读理解遇到困难时，我们常听到老师对学生说要思想集中，要认真思考，但是如何思想集中？如何认真思考？我们不知道学生理解发生困难时，思维发生了什么，原因是什么。正因为"只知其然，而不知其所以然"，我们的阅读课堂常常缺乏针对性的指导和必要的辅助工具。

北京师范大学王蔷教授曾有过关于阅读教学问题的总结性阐述：教学过程过于简单化，更关注结果，忽视体验过程；停留在信息提取表面，并视其为阅读的结果；急于要求语言输出，不提供语言和信息内化的机会和时间；对发展学生深层思维、文体特征、个性化阅读关注不够；语言学习脱离阅读内容和阅读过程；语言表达不能体现课堂阅读获取的信息和观点以及对所学语言的理解和运用。

## 阅读理解策略教学的缺失

阅读存在种种问题的主要原因之一是阅读理解策略教学的缺失。从英语课堂的角度看，教师对学习策略不重视，对阅读理解策略的概念还比较陌生，更不要说在阅读教学中系统和科学地应用理解策略，发展和培养学生的英语能力。

西南交通大学外语系张文鹏曾采用美国著名应用语言学教授编制的语言学习策略问卷，就中学生英语学习策略运用情况进行了大型抽样调查。调查显示，无论从总体还是从各单项看，我国中学生运用英语学习策略的频率均偏低。在50项策略中有34项被认为从未运用或很少运用（转引自王静，2006）。

从母语的角度看，在我们的语文课堂中，教师也很少关注阅读理解策略，很少对学生进行阅读理解策略的系统训练。因而对于中国学生来说，他们对阅读策略的概念是模糊的，更不知道如何系统和有效地利用理解策略来阅读。

贝克和布朗（Baker & Brown，1984）认为，擅长母语阅读理解策略的学生，如果在学习外语时，只要合理地组织和教学，就能发生迁移，能够有效和高效地掌握和应用策略。所以，优秀的母语阅读者和优秀的外语阅读者存在着一定的联系，原因在于他们会将母语阅读中的阅读策略无意识地应用到外语阅读之中。无论是英语阅读还是语文阅读，学生面对的都是视觉信息，都是文字解码和意义建构的过程，其认知过程和思维路径是基本相同的。

新一轮的语文课程改革试图改变这样的现状。统编教材从小学三年级开始有目的地编排了四个阅读策略单元：三年级上册有"预测"单元、四年级上册有"提问"单元、五年级上册有"提高阅读的速度"单元、六年级上册有"有目的地阅读"单元，循序渐进地以阅读策略为教学目标编排教材。语文课程改革的新风向和新实践既是对英语教学改革的启发，也是对学生在英语阅读中应用理解策略的支持。当学生通过语文阅读掌握阅读理解策略后，其应用策略的意识和能力会自然而然地迁移到英语阅读之中，这被称之为"语言能力迁移"。语言能力迁移是由美国语言学家罗伯特·拉多首先提出来的，他认为迁移存在于外语习得中，外语学习者广泛依赖已经掌握的母语，他们将母语的语言形式、意义以及与母语相关联的文化迁移到第二语言或者外语习得中去。

## 语文阅读教学的启示

语文阅读教学对阅读理解策略的重视带给外语阅读教学重要的启示：不仅要将阅读理解策略作为促进学生阅读理解、提升阅读能力的工具和手段，还要将阅读理解策略系统地纳入阅读教学的范畴和内容。

在母语和外语的阅读理解策略应用上，其目的是一样的，就是促进学生的理解和意义建构。真正的阅读理解与思考和拓展个人知识、视野有关，也与激发已有的知识和掌握新的知识有关，这样才会获取和建构意义。当学生掌握和应用阅读理解策略时，他一直在调动思维系统和知识系统，一直在阅读中质疑，在与作者和文本进行对话，并时时与自己的生活发生联系，进行预测，展开想象，获取和建构意义，这是所有阅读的本质特点。

在实际教学中，语文阅读理解策略和外语阅读理解策略会略有不同。

其一是阅读的文本不同。语文的文本体裁更为丰富多元，结构更完整。语文教材多采用的是原著或者在原著的基础上略加改变的材料，语言更原汁原味，更地道。英美国家的英语课堂，阅读教材也大多采用的是原著，阅读教学方式通常是整本书阅读，文本的复杂度和广度要求更高。在外语课堂，由于学生在词汇、语法和句法等方面的局限，所用的材料通常是围绕听说读写看等技能培养目标而编写或选用的，要考虑学生的语言基础，并服务于语言技能培养和学习的目标。

其二是与外语相比，母语阅读教学的任务除了培养语言技能之外，还有审美鉴赏，在文本细读和研读上要求更高。文学鉴赏、作者写作手法、人物的心理变化、文本脉络结构等通常是阅读理解的重要内容，对于文本阅读的内涵层次要求更高。然而，外语阅读的文本分析，尤其在中小学阶段，无法达到如此的深度和复杂度。

其三是母语和外语在词汇、句法、语法等方面存在着差异，所以在阅读理解策略应用上也有所差异。例如，汉语多短句，语义通过字词直接表达，不同的意思往往通过不同的短句表达出来；而英语多长句，许多意思往往放在一个长句中表达，这对读者的理解能力提出了不同的要求。

# 英语学科核心素养培养的需要

学生核心素养的培养是新一轮课程改革的重要方向。英语学科，作为一门重要的基础性课程，具有重要的育人功能，旨在发展学生的语言能力、文化意识、思维品质和学习能力的英语学科核心素养。学习策略既是英语学习的主要内容，也是培养学生英语核心素养的重要手段。阅读理解策略，作为学习策略和阅读策略的组成部分，自然是英语学习的任务。

## 学习策略是英语学习的课程内容

《普通高中英语课程标准（2017年版）》（以下简称《高中英语课标》）提到英语课程内容具有六个要素：主题语境、语篇类型、语言知识、文化知识、语言技能和学习策略。由此可见学习策略是学生英语学习的重要内容。以下是《高中英语课标》中与阅读理解有密切关系的学习策略（序号为原文序号）。

| 必修部分 | 选择性必修 | 选修（提高类） |
|---|---|---|
| 元认知策略：<br>（3）学习中遇到困难时，主动分析原因并尝试解决困难；<br>（4）选择适合的参考书和词典等工具辅助英语学习；<br>（5）通过图书馆、计算机网络等资源获得更广泛的英语信息，扩充学习资源； | 元认知策略：<br>（1）及时发现学习中的问题，善于分析成因，制订切合实际的目标；<br>（2）根据目标，实施并监控计划的实施过程和效果，根据需要调整自己的目标与计划； | 元认知策略：<br>（1）理性并自觉地总结适合自己的学习方法，优化学习策略；<br>（2）根据学习目的和需要以及存在的问题，规划、实施、反思和调整学习方式，提高学习效率； |

续表

| 必修部分 | 选择性必修 | 选修（提高类） |
|---|---|---|
| （7）反思自己使用不同策略的效果，总结经验，并根据需要进行调整。<br><br>**认知策略：**<br>（1）在新旧语言知识之间建立有机联系；<br>（3）在语境中学习词汇和语法；<br>（5）利用笔记、图表、思维导图等收集、整理信息；<br>（6）根据篇章标题、图片、图表和关键词等信息，预测和理解篇章的主要内容；<br>（7）根据语篇类型和特点，了解篇章的主要内容和写作意图；<br>（12）计划、监控、评价认知策略的学习和使用。<br><br>**交际策略：**<br>（2）计划、监控、评价交际策略的学习和使用。<br><br>**情感策略：**<br>（4）计划、监控、评价情感策略的学习和使用。 | （3）通过图书馆、互联网、报纸、杂志、广播或电视等多种渠道查找语言学习所需的信息和材料；<br>（4）进行阶段性反思和总结，分析存在的问题和取得的学习成效，归纳和总结有效的方法，提高学习效率。<br><br>**认知策略：**<br>（4）通过观察、比较、分类和总结等手段，概括语篇的文体、语言和结构的特点，概括作者如何根据不同的交际目的选择不同的语篇类型；<br>（5）在听和读的过程中，借助情景和上下文揣测词义或推测段落大意；<br>（7）在获得的信息与个人的经历之间建立有意义的联系；<br>（8）根据主题表达的需要，列出主要信息，组织基本信息结构；<br>（9）利用语篇衔接手段，有逻辑地组织信息。 | （3）根据学习目的和需要，选择最合适的资源，拓展学习渠道；<br>（4）完成理解或表达任务后，反思和巩固所使用的有效的理解或表达的策略。<br><br>**认知策略：**<br>（3）分析篇章结构的特点，解释作者是如何通过选择不同的篇章结构来传递意义并达成目的；<br>（7）有效地对获取的信息进行筛选、分类、重组等，为不断扩展知识和创建新信息奠定基础。 |

上述具体的策略应用有助于学生提高阅读理解的效率，提升阅读理解水平，还有助于学生发展自主阅读的习惯和能力。这些策略与本书界定的八个核心理解策略有着密切的关联，八个策略的应用要依赖上述的策略来实现。例如，调控和修复策略通常要依赖元认知策略部分来实现，确定重点策略则需要必修中"根据语篇类型和特点，了解篇章的主要内容和写作意图"和"根据主题表达的需要，列出主要信息，组织基本信息结构"等策略来落实。

学习策略是英语课程学习的六大内容之一，教师应该将阅读策略和理解策略的学习和培养作为课堂教学的主要目标之一，而不仅仅局限于语言内容或者阅读内容的学习。只有在教学中落实阅读理解策略培养的目标，教师才会在阅读任务的设计中体现阅读策略的培养，并指导学生在阅读活动中有效运用各种阅读理解策略，提高分析语言和文本结构的能力，提升理解文本的能力。

## 阅读理解策略与理解性技能的关系

《高中英语课标》对英语语言技能从理解性和表达性的角度提出了要求。因而，培养理解性技能是英语教学，尤其是英语阅读教学的重要任务。阅读理解策略的教学有助于学生理解性技能的培养。

教师在开展阅读教学时要将阅读策略和理解性技能紧密地联系起来。阅读策略既是阅读教学的目标，也是培养学生理解性技能的手段。以下是课标中与理解策略关联度较大的理解性技能要求（序号为原文序号）。

| 必修部分 | 选择性必修 | 选修（提高类） |
| --- | --- | --- |
| （1）从语篇中提取主要信息和观点，理解语篇要义； | （1）区分、分析和概括语篇中的主要观点和事实； | （1）阐释和评价口语和书面语篇反映的情感、态度和价值观； |
| （2）理解语篇中显性或隐性的逻辑关系； | （2）识别语篇中的内容要点和相应的支撑论据； | （2）理解电影、电视、画报、歌曲、报纸、杂志等媒介语篇中的文字、声音、画面和图像是如何共同建构意义的； |
| （3）把握语篇中主要事件的来龙去脉； | （3）识别语篇中的时间顺序、空间顺序、过程顺序； | （3）根据语篇中的事实进行逻辑推理； |
| （4）抓住语篇中的关键概念和关键细节； | （4）理解多模态语篇中文字信息与非文字信息（图表、画面、声音、符号）在建构意义过程中的作用； | （4）将语篇的内容与自身的经历联系起来； |
| （5）理解书面语篇中标题、小标题、插图的意义； | （5）根据定义线索理解概念性词语或术语； | （5）批判性地审视语篇的价值取向、语篇的结构和语篇的连贯性； |
| （6）辨认关键字词和概念以迅速查找目标信息； | （6）根据语篇标题预测语篇的体裁和结构； | （6）辨别并推论语篇中隐含的观点； |
| （7）根据语篇标题预测语篇的主题和内容； | （7）根据语境线索或图表信息推测语篇内容； | （7）识别语篇中的隐喻等修辞手段并理解其意义； |
| （8）批判性地审视语篇内容； | （8）通过预测和设问理解语篇的意义； | |
| （9）根据上下文线索或非文字信息推断词语的意义； | （9）根据上下文推断语篇中的隐含意义； | |
| （10）把握语篇的结构以及语言特征； | | |

续表

| 必修部分 | 选择性必修 | 选修（提高类） |
|---|---|---|
| （11）识别书面语篇中常见的指代和衔接关系；<br>（12）在听、读、看的过程中有选择地记录所需信息；<br>（13）借助话语中的语气和语调理解说话者的意图；<br>（14）根据话语中的重复、解释、停顿等现象理解话语的意义；<br>（15）理解多模态语篇（如电影、电视、海报、歌曲、漫画）中的画面、图像、声音、符号、色彩等非文字资源传达的意义。 | （11）根据连接词判断和猜测语篇中上下文的语义逻辑关系；<br>（12）批判性地审视语篇涉及的文化现象；<br>（13）识别话语中加强或减弱语气和态度的词语。 | （8）分辨语篇中的冗余信息；<br>（9）识别语篇中的字体、字号等印刷特征传递的意义。 |

如同所有的学科发展一样，英语阅读技能的发展具有梯度和螺旋式上升的规律，如果在小学或初中阶段不培养学生阅读技能的话，那学生在高中阶段将无法达到应有的技能水平，因此阅读理解策略的学习是系统和长期的工程。如同听说读写看的技能一样，阅读理解策略的意识和能力也要从娃娃抓起，从小就应该系统地培养。《义务教育阶段英语课程标准（2011版）》中也提到了类似的要求，如达到五级标准的初中生，要能理解段落中各句子之间的逻辑关系；能找出文章中的主题，理解故事的情节，预测故事情节的发展和可能的结局；能根据不同的阅读目的运用简单的阅读策略并获取信息，等等。

## 阅读理解策略与思维培养的关系

英语核心素养由语言能力、文化意识、思维品质和学习能力构成，其中思维品质的培养已成为衡量英语课堂教学质量的一项重要指标。借助语言学习进行思维训练和培养已成为专家和教师们的共识。英语阅读教学作为英语教学的重要组成部分，自然应该成为培养学生高阶思维能力的重要阵地。

(1) 阅读理解策略与布鲁姆目标分类法的对应关系

布鲁姆教育目标分类是我们熟知并被国内外教育界广泛采用的教育理论。这一理论将人的认知学习分成六个层次：记忆、理解、应用、分析、评价和创造，其中记忆、理解、应用是低阶思维，属于较低层次的认知水平，主要与学习事实性知识或完成简单任务有关；分析、评价和创造，这三者被认为是高阶思维，是较高认知水平的心智活动或认知思维。高阶思维是高阶能力的核心，主要指质疑能力、创新能力、问题解决能力、决策力和批判性思维能力。

阅读理解策略具有较强的包容性，不仅能够与布鲁姆目标分类法的低阶思维联系起来，而且与高阶思维有密切的关系。以下是基于布鲁姆目标分类法的阅读策略应用。

| 思维水平 | 问题 | 所用策略 | 理解能力 |
| --- | --- | --- | --- |
| 创造 | ·How has the author changed what I understand?<br>·What does the text mean to you?<br>·What theme might the author explore? | 形成观点、想象 | 发展和创新文本内容，形成自己的观点。 |
| 评价 | ·What perspective or authority does the author bring to what he or she is telling me?<br>·What do you think about?<br>·How would you prioritize?<br>·How has the author's perspective influenced the text?<br>·What does the author's choice of words？<br>·Indicate about what the author might be thinking. | 推理 | 批判性地分析文本，理解作者的观点。 |
| 分析 | ·How is this similar to (or different from) what I've heard or read before?<br>·How does... compare/contrast with...?<br>·What evidence can you list for? | 联系、确定重点 | 确定文本重点，深刻理解作者的观点。 |
| 应用 | ·How can I connect what the author is telling me to understand something better?<br>·How is... related to....?<br>·How can you connect the text to your life and experiences? | 联系、推理 | 比较分析，生成有意义的理解，应用个人经验和经历理解文本。 |

续表

| 思维水平 | 问 题 | 所用策略 | 理解能力 |
|---|---|---|---|
| 理解 | · What does the author want me to understand?<br>· How does the author use conflict in the text? Retell... in your own words.<br>· What is the main idea of...? | 想象、推理、确定重点 | 理解作者所要表达的想法。 |
| 记忆 | · What do I need to remember to make sense of this text?<br>· Who are the characters?<br>· Where does the story happen?<br>· What are the major events of the story?<br>· What is the sequence of these events? | 抓住重点 | 记住重要的事实和信息。 |

我们可以看到阅读理解策略与思维具有密切的关系，理解策略适合于不同认知思维水平的培养，同时，理解策略还有助于培养阅读能力。策略如同一座桥梁，将人的认知思维以及阅读理解能力与学科教学联系起来。需要强调的是，阅读教学要侧重于高阶思维培养的策略，教学任务和活动的目标是培养学生推理、质疑和判断等高阶思维能力。

## 阅读理解策略与批判性思维的对应关系

批判性思维是创新思维的基石，被公认为是学生迫切需要培养的关键思维品质。语言是思维的外壳，是思维存在和表达的形式，两者的密切关系说明，阅读教学中融入批判性思维的培养是必然趋势和当务之急。阅读理解策略所强调的建构意义能够促进学生批判性思维的培养，促进学生阅读能力的培养。

法乔恩（Facione，1990）对"批判性思维"给出了一个定义：批判性思维是有目的的、自我校准的判断。这种判断表现为解释、分析、评估、推论，以及对判断赖以存在的证据、概念、方法、标准或语境的说明。此定义在教育界影响很大，受到人们颇多关注。之后，法乔恩（2013）将批判性思维技能分成六项技能：解读、分析、评价、推理、解释和自我监控。董焱（2018）根据批判性思维技能的内涵和高中阅读教学的实际，提出了对应的阅读技能。理解策略符合批判性思维和阅读技能的本质特征，有助于学生批判性思维和阅读技能的培养。以下，笔者基于批判性思维技能和阅读技能来分析所对应的理解策略。

| 批判性技能 | 所对应的阅读技能 | 所对应的理解策略 |
| --- | --- | --- |
| 解读 | 理解文本的主旨大意、写作目的和意图，以及作者的观点和立场。 | 确定重点、推理 |
| 分析 | 区分文本中的事实和观点，辨别理由和论证它们之间的逻辑关联。 | 确定重点、推理 |
| 推理 | 在文本已有信息的基础上，预测和推断文本的可能发展，形成合理的假说或预测语篇内容。 | 预测、推理、联系 |
| 评价 | 评价文中用来支持观点的论据信息是否可靠，评价从论据到观点的论证过程是否合理和充分。 | 推理、提问质疑、确定重点 |
| 解释 | 解释对文本解读和分析的过程，解释自己的推断是如何得来的，解释自己为何做出某种判断和评价。 | 确定重点、推理 |
| 自我监控 | 怀疑和检验自己的推理和判断，及时纠正经验思维和定势思维。 | 提问质疑、调控修复，形成观点 |

# 阅读素养与阅读理解策略的关系

## 国际阅读素养测试

阅读理解策略教学是当前国际阅读素养实践和改革的重要方向。国际经济合作与发展组织（OECD）在全球进行"国际学生评估项目"（Program for International Student Assessment，简称 PISA），从 2000 年开始在全球组织测评。评估每三年一次，对参与国学生进行阅读素养、数学素养、科学素养测评。此项目是世界上具有影响力的学生素养评估项目。2018 年《PISA 2018 阅读素养框架（草案）》（以下简称"PISA 2018"）在以前框架的基础上进行了较大幅度的修改，对阅读过程中理解、构建意义和策略应用提出了更高的要求。

与前几版框架相比，"PISA 2018"将阅读素养定义为"为达到个人目标，增长知识和发展个人潜能及参与社会活动而对文本的理解、使用、评价、反思和参与的能力"。"评价"首次加入了定义之中，评估学生是否能质疑文本信息的质量和可靠性，是否具有理性的判断思考能力。评价能力与结论判断、确定重点等阅读理解策略密切相关。要对文本进行评价，阅读者首先必须定位和获取关键信息，然后借助已有的知识以及在文本与情境中获得的一些线索，理解和反思文本的内容、形式，在分析、评判和获得体验的基础上形成自己的观点，进而实现评价和建构意义。

"PISA 2018"的另一个变化是将测评的维度从"认知方面"调整为"认知策略"，强化了策略学习和应用，从文本处理和任务管理两方面进行建构，进一步提高策略学习和应用的重要性。具体见下表：

**"PISA 2018" 阅读策略框架图**

| 文本处理策略 | | 任务管理策略 |
|---|---|---|
| 阅读流畅度 | 信息定位：获取和检索信息，搜索和选择文本。 | 设置目标和计划 监控和调节 |
| | 文本理解：形成文本整体理解，整合、解释和推论。 | |
| | 评价与反思：评价质量和信度，反思内容和形式，发现和处理问题。 | |

"PISA 2018" 把文本处理策略进一步解读为信息定位、文本理解以及评价与反思。这些为实现阅读目标而使用的高阶阅读策略，体现了"PISA 2018" 对阅读者批判性阅读、理解性阅读和深度阅读等阅读能力的要求，这对阅读理解策略的教学提出了要求。

教师应该关注阅读理解策略的教学，引导学生在阅读中快速获取重要信息，并学会通过分析、评价、归纳、概括等阅读策略的应用，在对信息内容和形式的批判性思考中，解决问题，建构知识，从而提升学生自身的质疑评价能力。

此策略框架的第二部分是任务管理策略，阅读理解策略中的调控与修复策略是任务管理的组成部分，任务管理策略与文本理解没有直接的关系，并不是在理解过程直接发生的行为，但是能够保障和促进阅读理解的发生。学生在任务管理过程中，要合理制定阅读目标，有效把握阅读情境，科学监控阅读过程，并根据实际情况选择阅读策略，高效地与文本互动并解决问题。

## 国内阅读素养探索与阅读理解策略的关系

随着英语教学的不断探索和改进，外语学习者的外语阅读品格、习惯和外语阅读体验在阅读过程中扮演的角色愈加重要。正因为如此，传统的阅读能力概念正在逐渐被"阅读素养"这一新的概念所取代。王蔷、陈则航领衔的"中国中小学生英语分级阅读体系标准研制"课题组2016年完成了《中国中小学生英语分级阅读标准（实验稿）》（以下简称《英语阅读标准》）的研发，"英语阅读素养"理论框架正是其中重要的研究成果，对英语阅读乃至英语教学有着重要指导意义。英语阅读素养是当前国际和国内核心素养体系建设下阅读领域的生动实践和探索，具有时代的意义和特色。框架见下图：

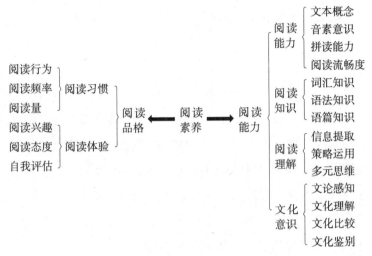

**中国中小学生英语阅读素养发展目标理论框架**

英语核心素养和英语课程标准面向的是所有英语学习领域，尽管在阅读教学领域提出了相应的要求，但是并没有按学段、年级、学期提供有关阅读的具体内容、文体形式和阅读理解等可操作的标准，教师在实际的英语阅读教学中还是缺乏更详细和有针对性的参考与指导建议。与英语核心素养和英语课程标准相比，《英语阅读标准》对于阅读，尤其是阅读素养，按照分级的层次，提出了相应的目标标准、内容标准和评价标准，对学生阅读素养的培养更具指导和现实意义。

经合组织对素养是如此界定的："素养不只是知识与技能。它是在特定情境中，通过利用和调动心理社会资源（包括技能和态度）以满足复杂需要的能力。"英语阅读素养是基于将学生培养成积极的终身阅读者的这一目标提出的，超越了以往所说的"阅读能力"的范畴，增加了阅读品格的维度，如阅读态度、阅读兴趣和自我评估。也就是说英语阅读教学不仅仅是要培养学生的英语阅读能力，还要培养学生具有促进自我发展和终身阅读的良好品格。

在此框架中，阅读理解作为阅读能力的组成部分，由信息提取、策略运用和多元思维组成。由此可见，阅读理解是基于信息提取又超越信息提取，与策略的应用直接联系起来的。

以 10～12 岁学生阅读理解能力为例：《英语阅读标准》提出，10～12 岁学生能够借助文本中的定义或者语境，解释单词在文本中的特定含义；能够理解读物中描述性和比喻性的语言；能够了解故事的背景及其与情节之间的关系；对于情节中出现的悬念，能够带着悬念继续阅读解开疑惑；能够识别作者明确表达的意图；能够通过人物言行推断其性格特点；能够推断读物中的因果关系；能够对文本中的信息进行分类和对比；能够概括主要信息并了解信息之间是如何关联的；能够针对读物中的插图或事实进行简单的评论；能够接受对读物的多种理解，并能展开讨论。此标准对于理解策略提出了更具体和明确的要求，10～12 岁的学生要求能够应用和掌握确定重点、形成观点、联系、推理、提问质疑等多种策略。

# 第三章
# 阅读理解核心策略的教学方法和工具

*Chapter 3*

# 联 系

对于阅读者来说，一定有一百万本自传，因为我们似乎在一本又一本的书中发现了我们生活的痕迹。

——海明威

## 概念阐述

> 联系（Connection）是指读者在读前、读中、读后激活背景知识，建立文本和人、文本和文本、文本和世界的连接，促进对文本的理解。背景知识是学生的个人记忆、经历、经验，以及文本的主题、作者、文本结构等知识，因而也有研究者称为"激发背景知识"（Activating the background knowledge）。

## 联系策略的作用

学生要理解文本，建构意义的话，首先要激活背景知识，将自己知道的与所阅读的文本建立多方面和深层次的联系。这不仅是阅读理解的模式，也是人类学习和探索世界的模式，人类学习和创新总是站在前人的基础上。

阅读时强调激活背景知识的依据是图式理论。巴特（Bartlet，1932）提出：所谓"图式"是指每个人过去所获得的知识在大脑中储存的方式，是大脑对过去经验的反映或积极组织,是储存在学习者记忆中的信息对新信息起作用的过程,是怎样把这些新信息融入学习者知识库中的过程。也就是说人们在理解新事物时,需要将新事物与已知的知识和过去的经历即背景知识,联系起来。

阅读中的背景知识是读者为理解语篇材料而调动起来的所有相关生活经历、教育经历、阅读经历,以及相关知识篇章的组织结构、母语应用知识、第二语言的应用知识及文化背景知识。而且,作者在写文章时会使用俗语、比喻、专业技术用语和专用名词等,这些用法通常是约定俗成的。作者不会长篇累牍地,花额外的时间解释约定俗成或者司空见惯的事物,这些事物常常是人们已经达成共识的知识。这些知识也属于背景知识。

外语阅读研究实验表明,激活背景知识会大大提升阅读理解与阅读技巧。学生如果不能在阅读时激活相应的背景知识,将在不同程度上影响对文章的正确理解。例如,在阅读一篇有关泼水节的文章时,参与过泼水节或具有这方面知识的学生,能较好地运用原有知识形成的图式进行阅读和理解。这些背景知识包括泼水节的由来、过程、特点以及个人的情感体验,激活这些背景知识会促进学生在阅读时产生"似曾相识"的感觉,这样不仅会减少阅读障碍,提高阅读速度,还会促进文本理解。

如果没有激发背景知识,学生只是被动地接受文本的信息,往往容易形成死记硬背的阅读方式,对文本的解释、理解和消化产生困难。教师有必要帮助学生激发或者建立相关的背景知识,以确保他们有足够的信息支撑理解。在某种程度上,相较于母语阅读,外语教学中激发背景知识更重要,因为学生在外语学习时由于语言相对陌生,通常会产生焦虑感,激发背景知识能够提供给学生信息、知识和情感支架。

图式理论认为阅读理解是文字、文字含义与读者背景知识等的结合和互动的过程,读者对文本理解的程度常常与背景知识激发的程度有着密切关系。激发背景知识可以使学生对阅读材料的理解更加透彻,从而获取更多的知识。这种知识的积累又为其以后阅读活动中背景知识的激活打下更加坚实的基础,类似于滚雪球一样,越滚越大。通过背景知识的持续拓展，学生的知识结构越来越完善。阅读的目的之一是获取知识，阅读就是通过这样的方式使得学生达到获取知识的目的。

激发背景知识的过程是联系策略发生的过程。学生将背景知识与阅读材料的内容联系起来，从而读懂材料所要表达的意思，这是联系策略在发挥作用，帮助学生理解文本。背景知识几乎影响着所有阅读理解策略的使用，如推理、预测、提问质疑、想象、形成观点等等。如推理策略，推理是学生根据文本中的线索或者信息，再加上个人已有的背景知识、常识，推测作者在文本中并没有直接描述的内容。离开了背景知识，学生是无法进行推理的。

在联系策略的使用过程中，学生将文本与个人、文本和世界联系起来，使得阅读产生了积极的意义，学生从中感受到阅读的价值和意义——阅读并不是浏览文本或者书籍上冷冰冰的文字，而是与其生活和世界建立密切的关系。学生区别有意义、相关的联系与无意义、不相关的联系，持续建立、改变和调整他们的背景知识，不断积累阅读经验，完善认知结构，增加背景知识。

联系策略还有助于学生想象。背景知识以一定的方式存在于大脑里，当学生联系时，背景知识通常会在脑海中以图片的形式出现。联系策略的好处还能避免阅读时产生无聊感，当文字转化为图像，或者个人、文本和世界发生联系时，会激发学生的情感和体验。联系能提高学生的阅读注意力，强化学生记忆文本内容，因为学生联系的过程是回忆和巩固旧知识的过程。联系还会产生相同、相似或者不同的结果，这些都会激发学生提问质疑、比较和分析。

## 使用联系策略的教学建议

### 1. 激发背景知识越多，联系越丰富和深入

教师在进行阅读教学时要引导和帮助学生激发背景知识，以确保学

生有足够的信息理解文章的内容。如果学生具备了所读材料相关的背景知识，阅读理解的难度就会减少，否则理解就会受阻或发生偏差。雷斯尼克（Resnick）认为，当读者进入阅读状态时，可能影响到阅读理解的"原有知识"有语言知识、相关文章的体裁结构知识、社会生活知识、历史文化知识、文章涉及的内容与背景知识等。由此可见，教师激发学生的背景知识应该包括语言知识、文化知识、生活知识等。阅读教学不仅仅承载着培养语言技能的使命，还承担着培养文化意识的功能。

教师对学生的背景知识激发越多，学生获得的支持和信息越多，其联系的内容也就越丰富，越密切。有时一个背景知识就是一个联系的视角。背景知识增加的过程是学生知识结构完善的过程，有助于学生理解的深入和完整。激发学生背景知识也是对学生学情的了解和分析，通过背景知识的激发，教师能够了解学生对阅读材料熟练的程度，进而设计个性化的教学任务和活动，或者提出个性化的教学要求。

2. 产生联系的三个主要维度

基恩和齐默尔曼（Keene & Zimmermann，1997）认为联系有三种维度：文本与阅读者本人联系，文本与文本联系，文本与世界联系。在学生刚开始接触阅读策略时，教师可以告诉他们联系策略的本体知识，包括联系的种类、维度和特点，使得学生知道应用时应该从何处入手。

（1）文本与学生个人联系：指文本与学生个人的生活经验、经历、情感和思想建立联系。此种联系是三者中最强烈的。贾森（Jeason，2008）认为，脑科学研究证明，情感驱动注意力，创造意义，塑造属于自己的路径。学生如果看到文章中的情节或者内容与其个人的生活经历、经验有相似之处或者关联之处，阅读兴趣会自然产生。

这些连接或响应驱动学生深度参与文本的发展，使得他们置身文本，更觉得自己像文本中的角色，这样能带给学生独特的体验，并引发更多的联系。当联系发生后，学生会花更多的时间，更仔细地阅读文本，甚至比较和验证文本所写的与自己的经历有何不同。学生在阅读故事类的文本时，置身感和参与感会更强烈。

（2）文本与文本联系：指将阅读的文本与其他文本发生联系，其他文本既可以是英语教材的文本，也可以是生活中的文本。类型包括记叙文、议论文、说明文、应用文等不同类型的文体，以及口头、书面等多模态形式的语篇，如文字、图示、歌曲、音频、视频等。每个学生的图式知识，不同的文化、教育、自然和语言背景，会影响他们对文本的感知。

文本间的联系起到了两种作用：一种是解释作用，其他文本的信息为学生正在阅读的文本提供解释，帮助学生更好地阅读和理解文本。还有一种是比较作用，引导学生在两个文本间进行比较，可以比较故事的情节发展，比较寓意、主题；也可以找到一个作者的不同作品里共同的主题，比较写作风格和视角；还可以比较不同作者对同一主题的观点。在两个或多个文本间比较本质上是一种比较阅读。比较阅读通过细读，选择多种比较视角，对照、分析和鉴别，这样既可以促使学生深入分析文本，使理解更加充分、深刻，又可以提高鉴赏、分析和思辨的能力。

英语新课程改革提倡英语学习活动观，即学生在主题意义引领下，通过学习理解、应用实践、迁移创新等一系列体现综合性、关联性和实践性等特点的英语学习活动，使学生基于已有的知识，依托不同类型的语篇，在分析问题和解决问题的过程中，促进自身的语言知识学习、语言技能发展、文化内涵理解、多元思维发展、价值取向判断和学习策略运用。文本间的连接是在一个新文本和一个以前读过的文本之间寻找共同点，使得不同的文本聚集在同一主题下，产生了意义隐喻，与此同时，学生在联系和比较中达到理解、应用、分析、迁移、创新的目的，发展了思维水平和阅读能力。

（3）文本与世界联系：指将文本与文本的外部世界，如社会、历史、文化、地理等联系起来。此种联系超越个人经验和书面文字，而是将文本与外部世界联系起来，指向真实性、价值性和社会性阅读。一个熟练掌握联系策略的学生在阅读时，会想到世界上正在发生的事件，或者在学校、社区发生的故事，或者其他人的想法，将文本内容与更宽阔的世界联系起来。例如，当文本是关于战争的内容时，教师可以引导学生联系世界上正在发生或者曾经发生过的战争，比较起因、时长、结局、影响人数等等。如果文本是关于环境污染的主题，可以引导学生讨论现在垃圾分类的现象，探索环境保护的意义和做法。

文本与世界联系，远远超出了课堂和校园范围以及学生个人经历，这种联系帮助学生审视真实世界中存在的问题或现象，利用获得的知识去解决生活中的问题，使得阅读具有积极的意义，有助于他们形成正确的价值观和人生观，提高问题解决能力。

### 3. 联系可以发生在读前、读中和读后

联系策略可以贯穿读前、读中和读后整个阅读过程，但是作用不同。读前的联系主要与激发学生的背景知识有关，使学生熟悉主题，获得相关的知识和信息，帮助其理解新知识和信息。读前联系还能激发学生阅读的兴趣和目的，避免一开始就盲目阅读的问题。读中联系主要与文本内容的线索有关，读后联系通常处理作者的观点主旨与学生的观点间的关系，体现出分析、判断和鉴别的思维水平。

例如，人教版《英语》高三上必修 Unit 1 的主题是 "Great Scientist"。阅读前，教师可以让学生先浏览文章的图片和标题，引导学生讨论和分享有关科学家约翰·斯诺和霍乱的有关知识和信息，从而激发他们的背景知识，鼓励他们应用联系策略，使他们能主动参与文本和深入思考主题。以下是教师设计的问题：

Do you know about John Snow?
What do you know about King Choleca?
Where did you get the information?
What do you think of "great scientist" should be?
Who is the great scientist in your heart?

读后，教师可以通过以下问题将文本与学生和世界进一步联系，引导

学生思考科学家的品质以及科学家对人类社会所做出的贡献。

Do you want to be John Snow? Why?

What quality do John Snow and the great scientist in your heart share?

Cholera was a 19th century disease. What disease do you think is similar to cholera today?

在阅读的过程中，学生用笔画出可以发生联系的地方，并写下联系的内容，或者在可以联系的地方贴上小纸条，写上联系的内容。阅读过程中所有环节的联系把学生带入到文本的场景中，通过"移花接木"将文本的主角变成了学生自己，促进学生积极思考，培养联系的习惯。

但是我们要避免"虚假联系"。我们看看这两个联系策略应用的例子：

The character is a boy and I'm a boy.

The coolest boy's name is Jasmine and my name is Jasmine too.

从句子的表面看，文本和个人好像发生了联系，第一个例子的联系是从人物身份联系到自己也是男孩，第二个例子是从贾斯明这个人名联系到自己的名字。但是如此的联系对于文本的理解起不到作用，属于无意义的联系。

我们再来看看另一个例子：

The character is a naughty boy. I think I am a naughty boy too, because I always do the same things as he.

当学生说出这句话时，他不仅联系了男孩这个身份，还强调了自己和文本中男孩的共同特点——调皮。当他说出这个特点的时候，肯定会理解文本中男孩调皮的行为，有助于他对整个文本的理解。真实、有效的联系才能够支持和促进学生理解和分析文本。

### 4. 联系促进体验和情感交流

我们的学生为何对阅读或者学习不感兴趣？因为我们无视学生个人体验，无视阅读或学习的生活土壤，也无视阅读或学习对于人类的价值。很多教学任务或活动是为了解答问题或者考试。阅读或学习与学生的生活距离很遥远，更不要说通过阅读和学习来改变自我和社会。联系策略能够有效地解决当前阅读中存在的这些问题。阅读策略强调学生的主体地位和个人经验，将文本、作者和学生三者联系起来，促进了三者的互动，体现了阅读理解的本质。

教师应该积极示范联系策略的应用，把自己所能联系的内容与学生分享。教师展示的意义，不仅在于告诉学生如何使用联系策略，还在于与学生分享自己的生活、阅读的经历和经验，帮助学生完善背景知识，促进良好师生关系的建立。学生间的交流、分享也同样如此。每个学生都会带着自己的感情、性格和经验进入文本，所以他们的感觉和体验是不一样的，联系策略放大了这样的感觉和体验，使学生获得共情能力，知道和理解每个人的体验是不同的。

### 5. 组织头脑风暴激发联系

头脑风暴（brainstorming）是一种激发学生思考，并使各种想法在相互碰撞中激起认知，有利于集体开发创造性思维的活动。头脑风暴能够帮助学生运用已有的相关背景知识并结合新的背景知识对有关话题进行思考和讨论。

教师在组织学生阅读前，先布置"List everything you know about..."的任务，让学生围绕主题尽可能多地写出与主题或者某一个内容相关的信息；之后，教师让学生将这些信息根据自我、文本和世界的三个维度进行分类，分析它们之间的区别和联系；最后，教师组织全班或者小组讨论，分享联系的成果，分析这些信息是如何帮助他们促进文本理解的。教师经常组织头脑风暴活动和交流能够激发学生的联系意识，帮助学生认识到联系是阅读时自然而然的行为,在读前、读中和读后都要发生。

## 教学中的语言支架和工具支架

1. 语言支架

(1) 维度一(根据联系维度区分)。
- 文本与个人的联系。

    This reminds you of your own life...

    Can you relate to this character because...?

    If it were you, you would...

    Have you ever felt like the character in this passage?

    Have you had a similar experience? Compare your experience to that of the character.

    Have you heard or read this information before? What does this information mean to you?

    How does connecting a story or information to your own life experiences help you better understand it?

    Find ways that a character in this text reminds you of yourself.

    Consider how the problem in the passage is similar to the problem you have had in you own life.

    What experience have you had that may relate to the story in some way?

    What is this like in your life?

- 文本与文本的联系。

    This reminds you of another book you've read/movie you've seen...

    This is different from the other book because...

    This is the same as the other book because...

Have you ever read another book or seen a movie in which the characters have feelings or experiences similar to the ones in this story? Describe how they are the same.

Have you read another book or seen a movie in which the writer used language or text structure similar to that in this story? Describe how these texts are similar.

Have you read another book that is like this one in any way? How is the same?

How does making connections to familiar texts help you comprehend the new text?

Consider how the problem in the passage is similar to the problem in another passage.

How is this text like another text?

- 文本与世界的联系。

    This reminds you of... in history.

    This reminds you of...going on in the world right now.

    This is similar / different to that's happening in the news...

    What do you think the author's message or writing this story or presenting this information?

    What do you already know these issues?

    What do you think was the author's opinion or view on the big idea in this text? Do you agree? Why or why not?

    How does making connections to larger issues help you comprehend this text?

    Find ways that a character in this text reminds you of a real person in our world today or someone famous in the history.

    Consider how the problem in the passage is similar to the problem faced by people in our world today.

How is this text like things that happen in the real world?

How does this matter to you in the real world?

（2）维度二（根据体裁类型区分）。

● 虚构类文本（包括故事、小说、童话、寓言、诗歌等）。

Find ways that a character in this story reminds you of yourself.

Find ways that a character in this story reminds you of a character in other books you have read.

Find ways that a character in this story reminds you of a real person in our world today or someone famous who may have lived a long time ago.

Determine how this place reminds you of somewhere you know.

Consider how this place is similar to or different from a place where you have been to.

Decide whether you would like to go to visit or live in this place. Tell us why you would or would not.

Consider how the problem in this story is similar to a problem you have had in your own life.

Consider how the problem in this story is similar to a problem in another story you have read.

Consider how the problem in this story reminds you of a problem faced by people in our world today.

What do you know about the text structure or feature? How can they help you understand the text?

How did what you know help you figure out the world?

What do you notice about how background knowledge helps you decide what's important to remember?

Does this text remind you of anything that ever happened to you?

Connect events in the story to similar things that have happened to you in your own life.

Connect events in the story to similar events in other stories.

Connect events in the story to situations in the world today or in the past.

What is this like in your life?

How does this matter to you in the real world?

- 非虚构类文本（包括历史、地理、政治等读物，政论，新闻，说明，指南，指示等）。

What do I already know about this text or this topic?

Are the people in this reading like me or like anyone I know? Explain it.

How do I feel about these people? (Like them, dislike them, admire them) Why?

Have I ever been somewhere like this place? How is it similar to or different from where I live?

Would I like to see or live in this place?

What would I like or not like about living during this time?

Did the people in this situation handle the problem the way I would have handled it?

What might I have done differently to solve this situation?

What do you know about the text structure or feature? How can they help you understand the text?

How did what you know help you figure out the world?

What do you notice about how background knowledge helps you decide what's important to remember?

How does this matter to you in the real world?

2. 工具支架。

（1）"我所知道的"表。

| What I Knew |
|---|
| Text Title: |
| Topic: |
| What you have already known about the topic: |

使用说明：此表格可以用在阅读前。学生拿到阅读材料后，浏览标题，先在表格里写上阅读材料的题目以及主题，然后在最后一栏写上自己对于主题已了解的内容。此表类似于头脑风暴，旨在激发学生的背景知识。

（2）"已知—想知—收获"表。

| K-W-L | | |
|---|---|---|
| Text Title: | | Topic: |
| Before reading, what you already **Knew** | Before reading, what you **Want to know** | After reading, what you **Learned** |
| | | |

使用说明："K-W-L"是奥格尔（Ogle）发明的认知学习工具，被广泛使用在各学科领域。这一工具在阅读课中也被广泛使用，用于激发学生的背景知识。此工具可以用在阅读前、阅读中和阅读后。学生在拿到阅读材料后，浏览材料，在第一栏内写上自己所知道的内容，也就是背景知识，在第二栏里写上自己想要了解或学习的内容。在阅读结束后，学生写上自己的收获。此工具还可以根据需要增加或调整，如再增加一栏，内容是"How can you know that?"，要求学生解释收获是如何得到的。此工具将学生在阅读过程中的思维、理解和认知过程呈现出来。

（3）概念图。

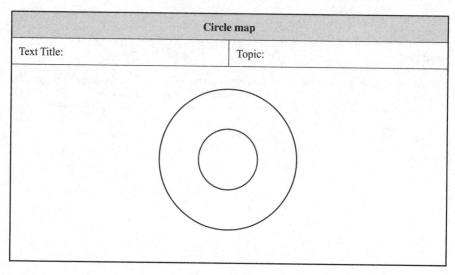

使用说明：此工具可以用于对所学主题或者概念的界定与了解。在阅读前，让学生在内圈里写上概念或者主题，然后在外圈和内圈间写出他们所知道或者了解的内容。这个工具也可以根据需要调整或变化，如处理多层级概念或者主题时，可以在中间画一个圈，然后在四周衍生多个小圆圈，这些小圆圈是二级概念或者主题，之后学生再在小圆圈外写上相应的内容，从而形成更完整的背景知识网络。

（4）联系图。

| Making Connections ||
| --- | --- |
| Text Title: | Topic: |
| When I read the text about... | It reminds me of... |
| In... ||
|  ||

使用说明：此工具用于引导学生围绕阅读的内容开展联系，在阅读前、阅读时和阅读后都可以使用。学生可以先注明发生联系的句子或者段落，然后写上联系的内容。

（5）"提出一个，获得一个"表。

| Give One – Get One |  |
|---|---|
| Text Title: | Topic: |

Ideas I will give:

1. _____

2. _____

3. _____

4. _____

5. _____

6. _____

Idea I got:                                                    from:

7. _____      _____

8. _____      _____

9. _____      _____

10. _____     _____

11. _____     _____

12. _____     _____

使用说明：此工具由卡根（Kagan）设计，有修改。学生能借助此工具来激发背景知识和交流背景知识。学生先写出若干个背景知识，然后将这些背景知识与同学交流分享；之后，学生在交流中写下若干个印象最为深刻或者帮助最大的背景知识，同时还在后面写上提供此知识的同学姓名。

（6）"我联系上了"表。

| I Get Connected ||
|---|---|
| Text Title: | Topic: |

I can make a connection between something I read and

_____ Something about myself

_____ Something about another texts

_____ Something about the world, the history or the other topics

Here is what I read:
_____
_____
_____
_____

Here is my connection:
_____
_____
_____
_____

Here is how my connection helped me understand this text better:
_____
_____
_____

使用说明：此工具由卡根（Kagan）设计，有修改。学生先在表内第一栏"个人、文本和世界"处选择联系发生的维度，接着学生相应写上联系发生的地方和内容，最后，学生解释这些联系的内容是如何帮助自己进行理解的。

（7）"多维度联系"表。

| Connection From Different Points ||
|---|---|
| Title: | Topic: |
| Personal experiences | Other texts or subject |
| Current events | History or other subjects |

使用说明：此工具可以用于阅读时从不同维度进行联系，主要提供了四个维度：个人经验、其他文本或主题、当前的社会热点或话题、历史上发生的事件。学生可以从这四个维度进行联系，在相应的空格内填上联系的地方、内容，并解释这些联系的内容是如何帮助自己进行理解的。

## 应用训练

Direction: Read the passage. As you read about the Rockettes, answer the question after the passage.

**The Famous Rockettes**

Imagine a long line of dancers performing a difficult high kick at exactly the same time. That was the vision of Russell Markert, who came up with the idea for the Rockettes back in 1925. The Rockettes, an all-female dance group, have come a long way with their high kicks. They have performed at the Radio City Music Hall in New York City since its opening in 1932. The goal of the Rockettes is for all of the dancers to make the same movements at the exact same time, as if they were one person rather than 36. This task requires a lot of practice, skill, and cooperation. The Rockettes perform in more than 200 shows over a two-month period. The schedule requires a huge commitment from the dancers. Over the years, more than 3,000 women have danced as Rockettes. They say that performing with the group is a dream come true, despite the long hours of practice and the demanding schedule. They love it when the audience stands and cheers.

材料来源：Daily reading comprehension Grade 5 by Evan-moor Educational Publishers. (P.19)

Write about a time when you saw an athlete or performer do something amazing. How did remembering that event help you understand the passage?

_____

_____

_____

# 预 测

阅读理解在本质上是一个假设过程，高效率的阅读者更善于捕捉和利用文章的线索来对其意义和内容进行预测。

——赵 军

## 概念阐述

> 预测（Making Prediction）是读者根据已有的知识，对所读材料，从标题、副标题、主题、图片、情节等多处，开展合乎情理的猜想。预测文章内容的发展是阅读过程中个人经验与文本内容发生互动的前奏。它会产生积极的心理效应，能使读者产生某种期待。

## 预测策略的作用

古德曼（Goodman，1967）把阅读描绘成一个"心理语言学的猜测游戏"，在这个游戏中，"读者尽可能地重新建构由作者通过文字展示出来的信息"。古德曼认为这个信息建构的行为就是一个从课文抽样、预测、测试并确认，或者修改预测，然后再预测的循环过程。阅读中的预测实际上是复杂的认知文本的心理过程，是读者根据已有的知识和经验对所读材料进行猜想、想象的一种心理过程。

格拉贝（Grabe，1991）认为，预测在阅读中起到了极其重要的作用。

预测能够推动读者对文本发展和作者的观点产生期待，也就是说，预测可以帮助学生形成阅读期望，激发学生阅读动机，在文本中寻找证据来证实自己的预测，使学生更加主动地参与到阅读过程中。学生在阅读中不断地对预测进行修正，不断地产生新的预测，从而保持对阅读的专注和热情。

预测时，学生要借助有关的信息提示，根据自己的生活经验和已有知识，对文本的内容预先进行假设，然后在阅读的过程中寻找信息，检验之前的假设正确与否，最终达到真正理解的目的。当读者预测时，还要与文本的主旨产生联系，思考预测是否与文本主旨一致，因此读者必然会一直留意文本中的细节和主旨。"自上而下"（Top down）的阅读理论（176页有详细介绍）认为通过"预测—证实"的方式能够帮助学生接近文本的重点和中心思想，促进学生对文本的理解，建构意义。

"预测—证实"的过程是问题解决的过程。当学生预测时，其实是提出一个问题，一个亟待验证的问题。之后，学生在文本中寻找证据，验证预测是否正确，如果正确的话，那继续读下去。如果不正确的话，那重新阅读，查找证据，直到正确为止。阅读过程变成了一个解决问题的过程，会使得阅读变得主动、活跃和互动。

预测策略和其他理解策略联系紧密，并且相互之间会发生转化。例如，预测必须根据学生原有的经历、经验和已有知识进行，所以要先激发学生的背景知识，使得文本与学生发生联系，促进联系策略的使用。再如，学生要猜测生词意思的话，会根据自己有关词义的知识以及上下文进行预测。预测策略还可以转换成提问质疑策略，因为预测时，学生要不断地问自己预测的依据是什么，预测是否正确，如何验证预测。

## 使用预测策略的教学建议

### 1. 根据线索进行预测和验证

预测可以发生在读前、读中和读后，读前的预测常常从标题、副标题、图片、目录等文本特征入手，相当于阅读前的"热身"，旨在激发学生的阅读期待和激活他们的背景知识。读中的预测主要是根据文本的线索、生活和阅读经验，对文本进行符合逻辑的猜想，如故事情节的发展、来龙去脉和结果，以及作者的写作方法、目的、态度等等，是从读者的角度来发展文本。读后的预测通常是补充或者完善文本尚未给出的结论或者情节。有些作者会故意在文本结束的地方省略结论或者结尾，设置悬念，目的在于激发读者的思考和猜测。

预测并不是无缘无故发生的，而是根据文本特征、文本线索和学生的已有知识进行的。预测也不是仅仅为了预测而已，是需要验证的。学生要在阅读过程中沿着自己的预测和文本的线索探索，找寻答案，检验自己的猜测是否正确，并修正观点，适时调整，持续验证。所以预测不是一次性完成的，它是一个不断循环往复的过程。在预测－检验－调整的链条建设中，学生对文本脉络、内容和线索不断地加工和理解，从而提升了对文本的参与度。

以下是上海版《牛津英语》八年级下 Unit 5 "Blind man and eyes in fire drama"的教学片断。

教师让学生观察课文插图和题目，预测故事内容。师生对话如下：

T: What are the "eyes" for the blind man?

S: The guide dog.

T. How do you know that?（要求确认论据）

S: As we all know that the blind man can't see anything and the blind man will have a dog to guide his way.（根据已有经验确认证据）

T: Any more ideas?（进一步要求确认论据）

S: The guide dog is guiding the blind man in the picture.（根据图片信息确认论据）

T: OK. What do you think is happening?（进一步引导和激发预测）

S: The dog may help save the owner.（作出预测）

T: What makes you think that way? （要求确认论据）

S: We can see a fire engineer and some firemen. There must be a fire or an accident. The title tells us the dog is the eyes of the blind man, so the dog helps the blind man.（根据图片信息和已有经验确认论据）

在这段对话中，学生根据标题和图片对故事以及人物关系进行猜测，然后老师要求学生回答为什么这样猜测。在学生阅读完整个文本之后，教师再一次通过"Do you think your prediction is right? Why?"问题要求学生回答，验证预测是否正确。

这样的过程是学生对内容猜测和验证的过程，也是教师引导学生带着好奇阅读、探究文本内容的过程。交流预测是怎么得出来的和如何被验证的，能让学生懂得预测的要点是文本的线索，以及结合生活经验和生活常识，这样才能形成合理的预测。

**2. 预测可以从多方面入手**

（1）利用文本标题进行预测。

标题往往是文本的中心所在，作者往往将自己的观点浓缩在标题里，通过醒目的标题让读者看出文章的大意。说明文、议论文和报刊文章等非虚构性文本较为明显地体现了这样的特点。学生能通过标题进行预测与推论，猜测文章内容是有关哪方面的，猜测文章属于何种体裁、作者的立场观点，预测故事人物性格等。

例如，人教版《英语》高三上必修 Unit 5 阅读文本的标题是"The United Kingdom"。从这个题目中读者可以预测到这个文本的主要内容是介绍英国。学生根据以往的阅读经验和生活知识预测此文本会介绍英国的地理位置、历史、气候、人口和文化等信息。学生如果要证实自己的预测，可快速浏览首段和末段以及每一段的首位句，就可以得到答案。

（2）利用首尾段落或段落的首尾句进行预测。

作者往往会把想要表达的观点或者意图放在文本的首段或者尾段呈现

给读者；或者在文本的首段提出需要解决的问题，而在尾段进行总结。浏览首尾段落后，学生就能比较容易地预测文本主题和段落结构特点，预测文本后面的内容。主题句或段落的首尾句也是预测通常发生的地方，因为作者常常通过主题句和段落的首尾句来表达关键意思。

（3）利用文本中的插图进行预测。

文本插图表达的内容一般会与主题一致或者呼应，服务于作者所要表达的主旨或者思想，是学生进行预测活动的有效材料。借助插图，学生可以预测文本的主要话题或者某个段落的主要话题。例如，上海版《牛津英语》高一上 Unit 2 "Care for hair" 的阅读文本上有四张图，分别是头发、洗发水、木梳和吹风机。学生可以根据这几张图预测出文本主题是关于头发的，而且还能预测文本的基本结构和框架，依次是爱护头发的重要性、如何洗头发、如何梳发以及如何吹头发。

除了教材上的图片，动漫故事、图片故事、视频截屏或系列新闻图片也是训练学生运用预测策略的材料。教师让学生先观察第一张图片，想象和猜测第二张图片将发生怎样的故事；然后再观察第二张图片，验证刚才的预测是否正确，并想象和猜测第三张图片将要发生的情节故事……以此类推，直到阅读结束。

（4）利用词汇对文本内容进行预测。

词汇是构成语篇和文本的基础。文本的意义是通过词汇表达出来的。词汇通常会有多重意义，如本体意义、比喻意义、语境意义等等。教师要引导学生对目标词汇进行猜测，通过上下文理解意义，还要通过关键词汇，让学生对文本内容进行猜测。教师可以选择文本中的若干关键词汇，让学生根据这些词汇，想象、预测文本将发生什么，连词成句，连句成文，之后教师让学生通读全文，看看预测是否正确，应该做何种调整。

例如，译林版《牛津英语》高一上 Unit 2 "Growing-pains" 阅读材料是一个剧本，讲述了孩子成长期间与父母亲由于代沟和误解而造成的冲突。在阅读前，教师提供给学生两组词，一组是有关父母亲的词，如 vacation, enter, shout, angry, mess, tolerate 等；还有一组与孩子相关的词汇，如 frightened, explain, look upset, defend 等。然后，教师指导选择不同立场的同学组建小组，并通过这些词汇来猜测发生的事情，编写结构比较完整的故事。之后，学生再进行阅读，验证猜测是否正确。根据关键词汇进行猜测活动活跃了课堂气氛，激发了学生的阅读兴趣，培养了学生的写作能力，还引导学生深入研读文本，学会比较、质疑、分析和验证。

其实文本通常隐藏很多标志词，会发出指示信号，告诉学生什么时候该预测，或者预测什么。例如，"A question" 通常意味着学生在这儿可以预测答案，"therefore" 通常意味着学生可以预测结论或者结局，"however, but, whereas, while, on the other hand, in contrast, in comparison, on the contrary" 意味着学生要预测与其他内容的区别之处或者出乎意料的结局。

（5）利用故事情节进行预测。

中学教材中有很多文本是小说或故事，适合学生通过情节发展来猜测结局。在用故事或小说训练或者教学预测策略时，教师要选择情节变化较大的文本，鼓励学生预测，这样学生会更感兴趣，教学效果会更好。

例如，上海版《牛津英语》九年级下 Unit5 的阅读材料是一则故事，节选自《汤姆·索亚历险记》，讲了小汤姆不愿干涂油漆的活，设计谋让小伙伴主动为他干活，还送礼物给他的故事。在第七段结尾时有这么句话"Ben was watching every move. He was getting more and more interested."这句话在文本中很关键，起到承上启下的作用，因为故事的情节在此处发生逆转，表明 Ben 从原来的嘲笑变为现在的羡慕。教师此时要通过提问"What will happen next?""What will Ben do or say?"引导学生猜测，激发学生思考 Tom 的行为以及 Ben 的反应，根据情节的脉络猜测接下来将发生什么。

还有些文本结构并不完整，会省略故事结局或者结论，设置悬念，为预测留出了空间。出现这样的情况或许是作者故意这么做，以激发读者思考，或者是节选故事，文本还有后续的内容。教师要在学生读后，引导他们预测故事结局或者结论。这些结局或者结论通常不是唯一的答案，而是学生智者见智，仁者见仁，各抒己见的结果。对结局或结论的猜测会极大激发学生的兴趣，并巩固之前阅读的内容，发展学生的思维。

# 教学中的语言支架和工具支架

1. 语言支架

（1）虚构类文本。

Can you predict that...

What is your guess...

What will happen....

Look at the title of the passage（pictures，bold words...），and guess what the passage is about.

What do you think the character will... because....

Predict how that character will react to a situation, event, or problem in the story.

Predict how the characters will use the setting to their advantage to solve their problem.

How the setting will make it difficult for them to solve the problem?

Predict the next event.

Predict the outcome of the story.

What prediction do you have before you read?

How did having this prediction help you during reading?

（2）非虚构类文本。

Can you predict that...

What is your guess...

What will happen....

Look at the title of the passage（pictures，bold words...），and guess what the passage is about.

Where might you find answers to your questions that are not answered in this reading?

What might be the outcome of this event?

What information from this reading do you predict you will remember the longest? Why?

What will you probably learn from the text?

2. 工具支架

（1）"我为什么如此猜测？"图表。

| Why I predict so | |
|---|---|
| Text Title: | |
| Topic: | |
| My predictions | Why I think so |
| In... | Because... |
| In... | Because... |
| In... | Because... |
| In... | Because... |
| In... | Because... |
| In... | Because... |
| In... | Because... |
| In... | Because... |
| In... | Because... |
| In... | Because... |
| In... | Because... |
| In... | Because... |
| In... | Because... |

使用说明：此工具用于学生在阅读前或者阅读过程中进行猜测。学生将预测的地方和内容写在左边的一列里，之后在右边的一列写猜测的理由，这样引导学生整合个人已有的背景知识和文本材料的信息，进行符合逻辑的猜测。

（2）"S.L.O.V.E"图表。

| S.L.O.V.E |
|---|
| Title:                           Topic: |
| S.O.L.V.E. is a good strategy for you to use when you are trying to predict what will happen next.<br>After each chunk of text, you:<br>　Stop and think, and do the following;<br>　Observe all of the important clues in the text, and write them in the first box;<br>　Look for some connection to your own experiences and write them in the second box;<br>　Verify that all the clues fit together, and put a "+" in the third box if all the clues fit;<br>　Enter your best guess in the last box. |

| Texts clues: | My prediction: | + or - | My best guess: |
|---|---|---|---|
|  |  |  |  |
| Texts clues: | My prediction: | + or - | My best guess: |
|  |  |  |  |
| Texts clues: | My prediction: | + or - | My best guess: |
|  |  |  |  |

使用说明：此工具由博伊尔（Boyles）设计。我们可以将此工具用于整个阅读过程中，第一步是在读完第一段后停下来；第二步是重新阅读，将重要的线索整理出来，然后写在第一个空格内；第三步是结合自己已有的知识，进行预测，写在第二个空格内；第四步是验证，将所有的线索和预测整合起来，分析是否正确和合理，如果所有线索是一致的，就在第三个方框里填写"+"，不符合的话写上"－"；最后一步是在最后一个框内填写最符合逻辑的猜测。学生在完成对第一段的猜测和验证后，继续阅读第二段，再完成相应的阅读环节，直到读完所有文本为止。

（3）文本特征预测图。

| Predicting from Text Features |
|---|
| Title:                                    topic: |
| Identify text features that you see on the article or page and list them below:<br><br>1. ...<br><br>2. ...<br><br>3. ...<br><br>4. ...<br><br>5. ...<br><br>6. ...<br><br>7. ...<br><br><br>Make predictions according to the features that you list.<br><br>1. ....<br><br>2. ...<br><br>3. ...<br><br>4. ...<br><br>5. ...<br><br>6. ...<br><br>7. ... |

使用说明：此工具用于借助文本特征来预测内容。非虚构类文本的文本特征通常比虚构类文本更明显和丰富。学生先大致浏览一下文本，选择若干个文本特征，然后根据文本特征进行预测，将答案写在相应的空格里。

(4)题目和标题猜测表。

| **Prediction According to the Title and Headings** |
|---|
| Title:                                topic: |
| Make a prediction about the main idea of this article from reading the title and headings. Write it below.<br><br>I think this article will<br><br>_____<br><br>_____<br><br>_____<br><br>_____<br><br>_____<br><br>Next, ask some questions that you would like to have answers by the time you finish reading this article.<br><br>1. _____<br><br>2. _____<br><br>3. _____<br><br>4. _____<br><br>5. _____ |

使用说明：此工具用于根据标题进行猜测。标题是重要的文本特征，显示着体裁倾向，蕴藏着文本发展线索，具有丰富的预测信息。学生先阅读题目或者副标题进行合理的猜测，之后，学生提出若干想要在阅读后得到回答的问题。这些问题与预测有着一定的关系，围绕主题、概念或者文本脉络展开，是预测信息导向下的问题。这个工具常用于非连续性文本。

（5）关键词猜测表。

| Prediction According to the Key Words |
|---|
| Title:　　　　　　　　　　　　topic: |
| Here are the lists of key words in the text:<br><br>1. _____　　2. _____　　3. _____　　4. _____<br><br>5. _____　　6. _____　　7. _____　　8. _____<br><br>9. _____　　10. _____　　11. _____　　12. _____<br><br><br>Please make prediction and write a brief story according to the words above.<br><br>_____<br><br>_____<br><br>_____<br><br>_____<br><br>_____<br><br>_____<br><br>_____ |

使用说明：此工具用于根据文本的关键词进行预测。教师先从文本中选择若干个关键词汇，让学生写在词汇栏中，然后学生根据这些词汇对整个文本进行预测，并写下来。可以预测大致的故事情节，也可以预测主题和主要内容。

# 应用练习

Direction: Read the passage. Look for details that help you predict what may happen next. Answer the question after the passage.

**What Might Happen Next?**

1. When Alex arrived at home after a late basketball practice, the house was dark. "Mom, I'm home!" he shouted, but no one answered. "They're two hours late!" he thought to himself. As Alex hung his coat in the closet, the phone rang.
What might happen next? _____
_____
_____
_____

2. "Shari, Lynn, and Kia, report to the principal's office," announced Mr. Long, their homeroom teacher. The three girls looked at each other as though they already knew why they were being summoned.
What might happen next? _____
_____
_____

3. Jake searched frantically through dozens of dusty old books before he finally found what he needed. "At last!" he shouted.
What might happen next? _____
_____
_____
_____

4. It was the bottom of the ninth, bases loaded, with two outs. His team was

behind 5 to 2. With a full 3-2 count, Rick adjusted his batting helmet and slowly stepped back up to the plate.

What might happen next? _____
_____
_____


5. Mara was stunned as she heard wave after wave of applause from the crowd. She took one more bow, then stumbled off the stage.

What might happen next? _____
_____
_____


材料来源：Complete book of reading and writing reproducible by Milliken Publishing Company.（P.71）

# 想 象

一张图胜过千言万语。

——佚名

## 概念阐述

> 想象（Visualization）是指读者在阅读时调动听觉、视觉、嗅觉、味觉和触觉等感官，充分发挥想象力，将文本中的人物、语言、情节、场景、图片等在脑海里复现，使得文本在脑海里栩栩如生，生动形象。学生能够通过意象丰富阅读体验，促进对文本的理解。也有研究者将此策略界定"用感官意象"（Using sensory image），也有研究者将此界定为"想象"（Picture）。

## 想象策略的作用

想象策略与双重代码理论有着密切关系。双重代码理论认为阅读这一认知过程包括两个语码处理系统。一个系统是语言系统，处理语言的输入和储存，另一个系统是非语言系统，专门处理图像或者类似图像的信息，这一类信息的排列是连续的、图画式的。双重代码理论提出者佩维奥（Paivio）把它们叫作意象。意象通常随着听觉、视觉、嗅觉、味觉和触觉的作用一起产生。

在阅读过程中产生的想象有助于学生澄清信息并增加理解，使其对文本的理解更形象、直观和深入。例如：

"There goes the old washerwoman over the way." said his mother, as she looked out of the window. "The poor woman can hardly drag herself along, and she must now drag the pail home from the fountain. Be a good boy, Tukey, and run across and help the old woman, won't you?"

在阅读这样一段文字时，学生的头脑中出现连续的画面：一个可怜的老奶奶，拖着一只桶笨拙地、艰难地走在路上，她是从很远的山里拖着桶回家，又饿又累。学生脑海中出现的画面将故事的场景逼真地重现出来，使得学生能够深切地感受到当时老太太的艰难处境。此刻的想象和体验，能够强化学生对于文本内容的理解与记忆，此外，还会有助于学生理解Tukey的妈妈为什么会说"做一个好孩子，去帮助这位老奶奶"这句话，有助于培养学生的悲悯之心。

前文讲到了学生阅读时应用联系策略要激发个人的背景知识，很多图示知识或者说已有的信息是以意象的形式存储在我们的大脑里。心理学家告诉我们，一个人脑海中那些令人印象深刻的时刻、片段通常是与意象联系在一起的。换句话说，当我们说话、交流或写作时，所调动的信息或资源首先是以图像的形式在大脑中呈现出来的。例如，当我们说到"the national flag of the People's Republic of China"时，我们的脑海中就会浮现红色的四颗小星围绕一颗红色大星的图像。

当我们在阅读过程中使用想象策略时，其实是将文本内容在大脑中拍电影，而此时文本变成了"剧本"或"脚本"。学生将文字转化为立体的图像，并主动投入到文本中，与文本开展积极的互动，建构独特的阅读体验。更为重要的是，学生在阅读时使用想象，会促进他们对文本中人物、场景、事件以及细节描述的理解，从而加深对文本整体的理解和内容的记忆。

古德韦和哈维（Goudvais & Harvey, 2007）认为，那些在阅读过程中善于想象的学生，拥有更丰富的阅读体验，能够更好地记住他们阅读的内容。

想象还有助于学生从整体感知文本的内容而不只是达到理解的目的。英语单词本身只是一连串的字母，缺乏意义，也缺乏情感成分。当我们大脑将不同的单词连在一起想象时，会赋予单词情感和意义，进而赋予文本情感和意义。想象还有助于学生形成个性化的阅读体验，当学生想象这句话"At last we reached home"，脑海中都会呈现出家的模样或感觉，但是由于每个人的背景知识各不相同，在脑海里想象家的模样就会不一样，甚至家的感觉也会不一样。

想象的另一个意义是帮助学生进行阅读理解监控。当学生具有想象的意识和能力时，如果想象停止了，脑海里不再出现画面了，他就知道阅读理解出问题了。学生会告诉自己要停下来，回过头去重新读，采取补救或修复措施，或者向同学或老师求助，这样他又回到了阅读理解的轨道，此时想象又开始发生了。

## 使用想象策略的教学建议

### 1. 通过不同的感官训练想象力

想象是通过大脑形成图像发生的，但是，想象的发生离不开听觉、视觉、嗅觉、味觉和触觉等感官的协同作用。听觉、视觉、嗅觉、味觉和触觉等感官的感知力和敏锐程度是提高想象能力的关键。

（1）视觉。

视觉主宰着我们所有的感觉。借助视觉想象是最常见的想象方式，教师能够将视觉想象用到所有类型的文本阅读中。教师可以先让学生闭上眼睛，选择一份材料，把材料读给学生听，学生一边听一边想象。读完后，教师引导学生学生对同样一句话想象不同的画面，或者对同一句话产生不同的解释，训练学生的视觉想象力。

教师通过"阅读材料中哪些单词有助于你在头脑中形成画面？""这

个画面是如何帮助你更好地理解故事内容的？""前后两个画面有何区别？"等问题帮助学生发展理解，激发想象。很多情况下，学生缺乏观察细节的能力，或者会急着往下读文本，这些习惯会妨碍他们理解文本和对文本细节的挖掘。经常性的训练活动会有助于学生观察细节，培养想象的能力。

  教师还可以让学生在阅读材料后，选择可以发生想象的文字，在大脑里想象或者在纸上画出图像。有的阅读材料会有配套的视频资料，还有的小说或故事会有对应的图画书或者电影。教师可以充分利用这些资源培养学生的想象能力。例如，让学生阅读文本之后在大脑里想象或者在纸上画出故事，再让学生比较自己想象的画面和电影、图画书里的画面有何差异。这样能够培养学生的阅读能力、观察能力和视觉想象力。教师还要鼓励和组织学生分享想象的画面，在分享、交流和倾听中，学生会补充、调整原来的画面，重组画面，进一步提高想象力。

  （2）听觉。

  听觉的训练常常与大声朗读有关。一般而言，有吸引力的标题常常比较简短和扼要，但是却蕴藏着丰富的信息，是训练学生想象力的资源。在课堂上，我们要让学生大声朗读标题或题目，强化听觉输入，促进听觉的理解和想象。童话、诗歌等适合于训练用听觉增加对文本材料的理解。诗歌的特点是节奏感比较强，具有韵律，押韵词丰富；童话的语言比较简短、夸张、形象。

  笔者曾经在澳大利亚的英语课堂观摩老师如何发挥听觉作用，培养学生的想象力。老师让全班学生转过身背对教室白板，然后在白板上出示一张富士山图，邀请一位学生上台口头描述图片，并要求其他学生一边听，一边在脑海中想象图片里的景物。发言的学生在舒缓的音乐声中开始描述："这幅图片是一座山，山上全是雪，山下有一个蓝色的湖泊，还有低矮的房子、亭子及一簇簇盛开的樱花。"教师追问："这座山有什么特征？和我们平时看到的有什么不同？"

  当学生讲到"山顶是平的"时，教师补充道："很好，这是一座火山，所以……"当描述结束后,全班学生转过身来,面对图片发出了一阵阵惊叹声:"好美的山啊!"教师随后提问:"请大家观察一下,这一景物由哪些元素构成?"学生纷纷讲出了答案:雪、火山、湖泊、树、亭子等。在此案例中,教师充分利用图片资源,设计想象的空间,巧妙留白,调动学生的各种感官,让学生去积极思考,充分想象,大胆猜测,培养学生的想象力。

(3)触觉。

触觉是指用肢体触摸文本的物体或者表演文本。木偶剧是常用的表现手法。学生在阅读故事或小说后,创作剧本,然后制作木偶,最后再分配角色,手持木偶进行表演。还有一种方法是学生一边阅读,一边拍手或者表演。如诵读"Head shoulder knees and toes"时,可以要求学生一边朗读,一边触摸头、肩、膝盖和脚指头。教师还可以把文本中出现的事物搬到课堂上,在教学时让学生观察、体会,甚至触摸,会有助于学生理解文本。

(4)味觉和嗅觉。

味觉和嗅觉是指想象和感受文本中具有气味的事物,如食物、水果、花卉、气体、动物、气息等等。有时这些事物在文中具有特殊的含义,具有代表性和象征作用,学生边阅读边想象气味或者味道,会促进他们对文本的理解。

### 2. 循序渐进,从一种感官到多种感官训练

当学生熟练掌握某一种感官进行想象阅读时,教师可以将两种或者更多的感官结合起来进行教学。沃尔夫(Wolfe)说,我们的视觉接受了身体感官70%的信息,因此,视觉接受的信息比任何一个感官接受的信息要多得多。然而仅仅靠视觉想象是不够的,视觉有时提供的是不完整的图像和信息。只有多种感官协同作用,才会呈现出文本的丰富性和立体性。一旦学生发挥多种感官的作用进行阅读时,常常会全身心地投入阅读,浸润在文本中,感觉身临其境,阅读的体验会更深。学生还会在情感上与人物的情感产生共鸣,更容易领会文章主旨和作者所要表达的思想。

### 3. 选择合适的文本进行训练和教学

教师在教授使用想象策略时，文本的选择和解读甚为重要。教师要选择容易产生想象的材料或者片段，在合适的时候设计恰当的教学活动，使教学效果最大化。好的阅读文本能够为想象策略的教学提供强有力的支撑，其语言的特点是丰富、多样和鲜活的。诗歌是比较合适的文本材料，一般比较简短和形象，有利于想象。在用了一段时间的短文本之后，教师就要选择较长的文本，较长的文本对学生的想象力和文本整体把握能力的要求更高，更有助于学生想象能力和阅读能力的进一步提升。

教师的分享和引导很重要。教师要在那些具有描述性和想象性特点的文字处停下来，分享自己在脑海中创造的形象，并谈论哪些词帮助创造形象和情感，哪些词帮助"画"出这些画。这些画通常与背景、人物和动作有关联。告诉学生这些画如何帮助理解文本中发生的事情。教师不断地向学生分享自己所看到的、听到的、尝到的、闻到的和感觉到的，有助于澄清文本信息，促进学生理解，更重要的是让学生知道如何想象，如何通过想象增进理解。

一千个读者就有一千个哈姆雷特。由于生活经验的不同，学生的想象常常会有差异。教师不仅要鼓励学生想象，还要鼓励他们分享自己的想象，尽可能将所有的细节描述出来。例如，对于花园的想象，每个学生都会不一样，描述也是不一样的，通过学生间的交流，可以促进他们背景知识的完善。再如，当春天时，正好阅读到关于春天的文本或段落，此时，打开窗让学生闻一闻外面春天的气味，相信学生对春天的描述和感知也会与以前不一样，这样能促进他们理解文本中关于春天的描述和细节。

### 4. 用可视化工具帮助学生理解文本

每个文本的内容都是通过一定结构、框架和逻辑所组织的，教师可以通过文本的特征设计可视化的工具，引导学生将内隐于个人脑海中的想象以及对文本的理解显性化、具象化、步骤化和可视化。如今可视化工具在阅读教学中使用得越来越普遍，受到教师的重视。可视化的工具有概念图、思维导图、认知地图、语义网络等多种形式。

海勒（Hyerle，2008）认为，可视化工具能够起到总结文本，建构整个文本框架的辅助作用，而且可视化工具还使得文本内容更容易被充分理解。换句话说，可视化工具具有多种功能，是帮助学生理解的工具，也是检验学生理解的工具，又是培养学生想象力的工具。学生有了可视化工具，能理清和理解文本内容间的联系，建构文本的框架结构，从而更好地理解和记忆信息，理解复杂的材料。

当教师教想象策略时，要根据文本特征设计和选择工具，还要鼓励学生在阅读后自行根据文本特征和内容，设计工具展示阅读过程和效果。学生自己设计可视化工具来展示，更能调动其阅读的积极性，促进他们积极建构意义。教师先要教会学生关于可视化工具的知识，分析和理解不同的可视化工具的特点、用法。教会学生可视化工具知识不仅有助于他们设计可视化工具，还能够帮助他们在应用和设计时更好地理解文本。如果可视化工具的结构和文本内容高度一致，就显示学生深刻理解了文本。

在学生掌握了可视化工具之后，教师就要撤走工具"支架"，让学生阅读后在大脑中选择合适的可视化工具，重新组织文本内容，然后口头呈现，教师能从中了解学生在阅读理解过程中出现的理解偏差，或是逻辑不清问题，并且可以有针对性地解决相关问题，进一步帮助学生理解文本，培养学生想象能力。

## 教学中的语言支架和工具支架

1. 语言支架

（1）虚构类文本。

What did you see when you read those words?

Have your images in your mind changed as you read this text?

Picture the way a character looks.

Picture this place, including the small details.

Use all of your senses to get an even stronger picture of this place.

Picture the events in the story as they occur.

Can you use all of your senses to get a really clear image of these events?

Does having this picture in your head make reading funny? How?

Where does the picture in your head come from?

Have your images changed as you read the passage?

Can you compare... in your mind? What's the result?

What words can you imagine in your mind?

What picture do you get in your mind when you read this paragraph?

How do the pictures in your mind help you to understand this text?

What does this (person, place, thing) look like?

(2) 非虚构类文本。

Have your images in your mind changed as you read this text?

Can you make a picture in your mind of the new vocabulary words?

What pictures do you have in your mind of the people, places, and events that you are reading about?

Could you explain to someone else how the graphics are important to this reading?

Are there any graphics, such as maps, charts, pictures, graphs in the text? What details do you notice in each graphic?

How do the pictures in your mind help you to understand this text?

What does this (person, place, thing) look like?

## 2. 工具支架

（1）"五官"想象表1。

| The Five Senses | | | | | |
|---|---|---|---|---|---|
| Title： | | | Topic： | | |
|  | hearing | taste | touch | smell | sight |
| Details 1 | | | | | |
| Details 2 | | | | | |
| Details 3 | | | | | |
| Details 4 | | | | | |
| Details 5 | | | | | |
| Details 6 | | | | | |
| Details 7 | | | | | |
| Details 8 | | | | | |
| Details 9 | | | | | |
| Details 10 | | | | | |

使用说明：此工具用于记录阅读过程中与五官有关的想象。学生在阅读后从材料中找到与听觉、味觉、触觉、嗅觉和视觉有关的单词或者句子，然后把它们写在相应的方框内；完成后，学生还可以根据这张表格的内容，借助各个感官，进行体验活动，加深体验和理解。

（2）"五官"想象表2。

| The Five Senses | |
|---|---|
| Title: | Topic: |
| Sight: What do you see? | |
| Touch: What does it feel like? | |
| Hearing: What sounds do you hear? | |
| Smell: What do you smell? | |
| Taste: How does it taste like? | |

使用说明：此工具用于记录阅读过程中与五官有关的想象。学生在阅读后从材料中找到与听觉、味觉、触觉、嗅觉和视觉有关的单词或者句子，然后把它们写在相应的方框内；完成后，学生还可以根据这张表格的内容，借助各个感官，进行体验活动，加深体验和理解。

（3）"摘录和想象"图表。

| Excerpt and Visualization | |
|---|---|
| Title: | Topic: |
| Sentence and Line | I can visualize... |
| 1 | 1 |
| 2 | 2 |
| 3 | 3 |
| 4 | 4 |
| 5 | 5 |
| 6 | 6 |
| 7 | 7 |
| 8 | 8 |
| 9 | 9 |
| 10 | 10 |

使用说明：此工具用于记录阅读过程中学生可以想象的句子、出处以及想象的内容。学生在左边一列摘录可以想象的句子以及相应的页码或者行数，然后在右边一列写上想象的内容。完成后，学生还可以根据这张表格的内容，借助各个感官，进行体验活动，加深体验和理解。

应用训练

Direction: Read the passage. Look for details that help you visualize each competition described in the passage. Answer the question after the passage.

**Crazy Contests**

When you think about competitions, you probably think of sports such as basketball and football. Not all serious competitive events are athletic, though. One example is the Rock Paper Scissors World Championship, in which contestants compete for large cash prizes.

Rock Paper Scissors is a simple game between two players. Each player counts to three and then "throws" one hand forward, making one of three hand signals. A fist means "rock", a fat hand means "paper", and two extended fingers in a V shape means "scissors". Rock wins against scissors, scissors wins against paper, and paper wins against rock. Although the game is simple, many players claim that they have developed complex strategies for winning.

Some people might consider a Rock Paper Scissors contest to be strange. Around the world, though, people compete in many events that others think are crazy. In England, a 200-year-old competition sends hundreds of people running down a hill, chasing a giant wheel of cheese. In Finland, hopeful guitar heroes compete in the Air Guitar World Championships by strumming invisible guitars in front of an audience. Wales hosts the yearly World Bog Snorkelling Championships, in which contestants wear silly costumes—dressed, for example, like a mermaid or an octopus—and swim through dark, stinky bog water as the crowd cheers.

These competitions are just a few of the crazy games that people play around the world. With some practice and training, maybe you could be a prizewinner in one of those contests yourself!

材料来源：Daily reading comprehension Grade 5 by Evan-moor Educational Publishers.（P.24）

Which competition was easiest for you to visualize? Why?
_____
_____

# 推　理

作者通常不会把自己想要说的话，直接写在文字表面，而是偷偷地藏在"字里行间"或者"文字下面"，这就要读者根据自己的经验和文本线索去推理。这似乎是猫抓老鼠的过程。这也是阅读的魅力。

——基恩和齐默尔曼

## 概念阐述

> 推理（Inference）是指读者根据文本中的线索，结合背景知识，推理出材料中暗含的意义，准确理解事实原因、作者观点以及字里行间的深层含义，从而对文本达成深层次的理解。有个公式形象地阐述了推理的过程：文本线索＋背景知识＝推理。

## 推理策略的作用

推理和预测有所不同。预测通常处理字面意义（on the line），是对有可能发生的事情或者有可能蕴藏的内容的猜想。推理通常处理文本字里行间（between the line）所隐藏的含义，猜测文本中隐含而作者未直接陈述的意思。与预测相比，推理的思维过程更复杂。以下的材料能帮助我们理解推理的过程。

Chile is considered one of the most conservative Catholic countries in South America. On January 15, 2006, Chileans elected their first woman president, the Socialist Michelle Bachelet, with 53.5 Percent of their votes. She is a former defense minister, a doctor, a single mother and a non-Catholic. Her father, a general in the army, was killed in 1973 under the military dictatorship of Pinochet. Her election campaign was based on promises of social and economic reform aimed at more equally. （材料改编自 Advanced Reading Power P. 88 by Person Education, Inc.）

这段材料讲的是智利选举首位女总统，每一个句子陈述的是事实，例如，智利一直被认为是最保守的国家；巴切莱特以 53.5% 的选票当选为智利首位女总统；她的身份标签是前国防部长、医生、单身妈妈和非天主教徒；她的父亲，一名军官，被杀于皮诺切特的军事独裁期间。她的选举主张是更平等地推进社会和经济改革。然而，在字里行间，我们或许可以推理，获得以下结论：

- People in Chile are not as conservative as generally thought. （智利并不像人们想象的保守，因为他们选举了一位女性担任总统。在保守的国度，女性地位很低，不可能被选举为总统。）
- The society in Chile is not equal enough and people in Chile want changes in their society and economy. （智利的社会还不够公平公正，人们迫切希望社会和经济领域有所改观，因为巴切莱特的竞选主张是通过社会经济改革促进平等。）
- President Bachelet's background and experience should help her understand the problems in Chile. （巴切莱特的背景有利于她理解智利所存在的问题，因为她的背景很丰富，了解底层人民的生活。）
- The fact that her father was killed under Pinochet probably raised her standing among leftists. （他父亲在皮诺切特军事独裁统治期间被杀的

事实帮助她赢得在左派中的地位。）

推理就是透过文字表面，抓住文字里隐藏的蛛丝马迹，结合个人的背景知识，条分缕析，得出作者的观点和想法。从这个案例中，学生通过推理，能够达到理解材料的目的，了解智利国家、社会的真实现状和文化，理解智利人民为什么会选择巴切莱特作为总统。

推理是读者将正在阅读的文本与个人知识相结合，理解作者并没有在文本中清晰表达的意思，生成新想法的过程。罗勒和皮尔森（Roehler & Pearson，1991）认为推理要求学生超越文本字面意义，根据文章中的特定信息或观点，或者某段某句的言外之意，在理解、分析的基础上深入思考，准确推断和评价。在读前、读中、读后进行推理的过程是学生积极理解文本的过程。

我们要从作者写作的角度追溯推理的必要性。作者有时不会把想要表达的意思直接告诉读者，诉诸文字，而是故意留下隐晦的线索，引导读者揣摩和推测。还有的作者潜意识地认为读者和自己的认知结构是一样的，无须花很多笔墨描述认为是"没有必要的事物"，也有作者写作是"素描"，只是讲述事实，文本里的观点和立场需要读者进行分析和判断。因此，作者隐藏或忽略的意思要依赖读者通过结合自己已有的背景知识与文本线索来揭示。阅读中的推理揭示了阅读的本质：阅读是读者、文本和作者互动的过程。这个过程中，读者对于文本独特的阐释是阅读理解最基本的部分。在读者内心发生的一切与文本一样至关重要。米克（Meek，1988）认为，擅长推理的学生总是在推理过程中不断形成自己独特的理解，改变或积累他们的图式知识，促进理解的发生和意义的挖掘。

北京师范大学教授陈太胜说："对于一部文学作品而言，它使用的语言的真正意义往往要在'言外之意'中寻找。这种'言外之意'恰恰是一部文学作品的真正意义所在，我们可以将这种意义称为'意蕴'"。此论述是从文学鉴赏的角度提出的，其实，这也揭示了阅读中推理的重要性和必要性。

阅读理解一般分成三个层面进行：字面理解层（Literal Comprehension）、

推理性理解层（Inferential Comprehension）和评价性理解层（Evaluative Comprehension）。字面理解是指读者仅仅理解文本的字面意义，这是阅读理解最基础的层次。它要求读者具备理解具体细节和事实的技能，如辨认事件发生的时间、地点、人物的外貌特征以及事件的因果关系等，或者界定非虚构性文本中知识的概念、由来等。推理性理解是指学生从字里行间推测话语隐含的意思。评价性理解是理解的最高层次。读者根据自己的经验和知识来分析并评判作者的观点。推理处于理解的中间层面，在理解字面意思的基础上理解其深层含义，包括作者的倾向、意图、态度、观点等；还要求理解文本中某句、某段的含义及全文的逻辑关系，或者根据其含义及逻辑关系进行推理和判断。

## 使用推理策略的教学建议

### 1. 推理可以在多处发生

有研究者提出推理的四个维度：材料中暗含的意义，评价和判断作者，个人回应材料内容，在理解和分析基础上准确判断和评价文本。从语言单位的角度可以从词、句和语篇三个方面推理。

首先是对生词意义的推理。对生词推理是阅读文本过程中必不可少的一部分。词汇不但是文本材料最基本的语言单元，也是学生阅读时首先看到的视觉信息。然而，不是所有的生词都需要推理和猜测，如果生词不影响文本理解的话，可以选择忽略。推理词义通常可以根据三方面的线索进行：词法、句法和语境。教师要引导学生在必要时根据线索对生词推理，解决影响阅读理解的"拦路虎"。对生词的推理和猜测是学生理解能力的组成部分。

其次是对句子或段落的推理。抓住句子中的关键信息即某些关键词或短语去分析，推理判断，既可以逆向思维，也可以正向推理，推断出这句话所隐含的深层含义。或者根据文章中所陈述的事实、论点、例证等一系列论据材料进行推理，从而得出合乎逻辑的结论。

最后是对整个文本的推理，推断出文章内涵和作者观点。文章内涵和作者观点往往隐含在文章的字里行间。学生在弄懂全文意思的基础上，整合有关的信息，综合起来去推理判断，确定最佳结论。

教师引导学生推理，在提问或交流时，通常包含 infer、imply、suggest、conclude、learn、intend、mean、describe、purpose 等词汇，或者包含表示推测的情态动词，如 can、could、might、would，或者包含其他表示可能性的副词，如 probably、most likely、perhaps、possibly 等。这些词汇要求学生关注作者的意图和观点、所持的态度和想法，以及潜在的结果等等。

以下是人教版《英语》高三上必修 Unit 2 "The United Kingdom" 课文的推理问题设计：

1. Here is a word "institutions" in the following sentences: They still have very different institutions. For example, Northern Ireland, England and Scotland have different educational and legal systems as well as different football teams for competitions like the World Cup! Can you infer what "institutions" means according to the context?

2. Since there are so many differences among the four countries, why and how do the four countries unite as a big one?

3. "There you will find more about British history and culture." (Line 24) Does "there" refer to the North, the Midlands or the South?

4. If you want to see the oldest port, the oldest building and the oldest castle, where should you go?

5. Why does the writer say "It is a pity that the industrial cities built in the 19th century do not attract visitors"?

6. What geographical features make it difficult to invade England successfully?

7. What does the writer imply in the last sentence "You must keep your eyes open if you are going to make your trip to the UK enjoyable and worthwhile"?

所有上述问题都是推理性问题，涉及三种语篇单位的推理，有单词、有段落，还有整篇文章。这些问题要求学生根据文章中的特定信息或观点，或者某段某句的言外之意，在理解、分析的基础上深入思考，准确推断和评价。通过这些问题，学生运用已学的知识和已有的生活经验，对课文的信息进行逻辑推理和分析判断，准确找到并理解英国历史变化的事实原因、作者的观点以及字里行间的深层含义。作者希望读者推理的常常是新的观点（new sights）、生活的启迪（life lessons）、故事的寓意（moral），找到这些更大的真相是人们阅读的理由，也是促进学生通过阅读形成正确价值观、提升涵养的有效途径。

### 2. 创设让学生感到安全的推理氛围

教师要给学生创设安全的推理环境和氛围，要鼓励学生通过讨论、解释、辩论来推理。教师要给学生创造机会，分享他们的推理和理解。一方面学生会理解个人经验在阅读中的重要性，另一方面分享会带给他们映照、共鸣、比较、对比，从而不断提高他们的思辨力，丰富他们的认识和理解。学生推测隐藏在字里行间的含义，如果符合文本逻辑，那就获得了新知和思维发展；如果学生推理错了，其实他也获得了新的知识，锻炼了思维。因为在以后的推理中，他就知道如何去做。

学生对文本理解的错误并不可怕，学生的错误通常是宝贵的教育教学资源，会让教师了解学生错在哪儿，为什么会错。教师在接下来的教学设计中会更有针对性，引导学生在错误中吸取教训。在文本的选择上，虚构类文本比非虚构文本更适合推理。有研究者指出，读者的猜测是否与作者的意图相符合或一致的意义远没有读者在猜测过程中产生的互动有价值。这样的观点强调了阅读的过程比结果更重要。

### 3. 训练学生推理能力的若干方法

（1）以问题为起点。

教师要善于问"What do you think? "What struck you about this? Why?"之类的问题，这些问题是激发学生推理意识，培养推理能力的起点，也是最简单的问题支架。推理策略对于问题的质量要求更高，好的问题通常尊重学生的主体地位和想法，帮助学生获得自主感，使学生在阅读中获取掌控感和主动性，而且能够激发学生深层次的思考。

（2）借助图片或者线索来推理。

一般来说，虚构类的文本比非虚构类的文本更适合于训练推理策略的应用，尤其是那些情节曲折的故事或者动漫、图片故事。用动漫、图片故事时，教师要鼓励学生观察图画和情节的线索，类似于文本中的文字线索。学生看完一张图或者一条线索进行推理后，再继续往下读，验证推理是否正确，循环往复，从而培养学生的观察力、思辨力和推理力。教师还可以提供给学生若干张图片，或者若干个线索，让学生将它们连起来，讲出完整的情节或故事。

（3）组织"as...as"游戏。

学生对"as...as"很熟悉，"as...as"中间通常是形容词或者副词。教师在黑板上写上"as... as..."，然后在中间填上一个形容词，让学生在后面填上相应的答案，如"as high as..."，可以填写 tower、mountain、hill、highrise 等等。以下是类似的结构"as prickly as..." "as tiny as..." "as big as..." "as beautiful as..." "as sly as..."教师应该鼓励学生尽可能地讲出更多的答案。此游戏能够激发学生的推理意识，在物体和状态间建立联系。

（4）组织"Twenty questions"游戏。

这个游戏以小组的形式开展，小组通常由四位学生组成，其中三位学生负责提问，一位学生负责回答。教师先给出答案的范围或者提示，三位学生根据"If it is...?"的题干提问，那个知道答案的学生负责回答"Yes"or"No"。如果提问符合事实，学生回答"Yes"；如果不符合，学生回答

"No"。学生在一问一答中慢慢获得线索，缩小推理范围，直到最后锁定答案。问题的数量有限制，一共是二十个，所以这个游戏叫"Twenty questions"。此游戏帮助学生观察和分析某一事物的线索，培养他们的推理和分析能力，并在问答中提高学生的口语能力。

（5）组织猜测游戏。

猜测游戏可以在两个学生间进行，一位同学负责提问，另一位负责回答。提问的学生首先给出事物的线索，然后另一位学生循着线索提问，直至找到答案。例如：

A: I am thinking of something that is yellow with a "B".

B: Can you eat it?

A: Yes!

B: Is it a banana?

A: Yes!

此游戏还可以在小组或者全班内进行，多人负责提问，一个负责回答。此活动可以激发学生的思维，培养信息追踪和分析能力，还具有一定的趣味性。

（6）学习区分"事实"还是"观点"。

"事实"和"观点"是阅读材料里常见的信息，事实是已经被证实的或者已发生的，如"China has more people than any other country in the world"。观点是一个人的想法，具有个人的情感色彩，很难被证实，缺乏客观性。如"Pets are better than Cats"。

教师可以组织多种活动让学生辨析事实和观点，如列出不同事实和观点的句子，让学生辨别，看看哪些是事实，哪些是观点，并说出理由。再如，让学生从文本中找出事实和观点的句子，判断哪些侧重于陈述事实，哪些侧重于表达作者的观点，并分析事实和观点是如何为文本主旨服务的。又如，教师将多种观点以及与观点有关的事实放在一起，让学生先从中选出表示观点的句子，再找到对应的事实，进行组合搭配。这些活动有助于培养学生的推理和思辨能力,促进他们更深层次地解读和分析文本的思想。区分、分析和概括语篇中的主要观点和事实是英语阅读教学的任务之一,也是批判性思维的重要体现。

## 教学中的语言支架和工具支架

### 1. 语言支架

Can you identify something in the text which helped you make that prediction?

What are the clues?

What is the author leaving out that is important to understand the article?

What can you figure out about...?

What do you know about something like this?

Figure out which clues are the most useful in understanding this story.

What do you think the character will... because...?

What makes you think...?

What can you infer?

What can you conclude?

This is a tricky word. How did you infer its meaning from its place?

What do you think the author wants us to know?

Why do you think the author wants to tell us?

It can be inferred from the text that...

The author implies that...

The tone of the article is...

It can be inferred from the text that...

The author suggests that...

The author's point of view is...

The author's attitude towards this topic is...

What does the author claim?

The author may think that...

Judging from the passage, can you infer that...

2. 工具支架

（1）线索推理图。

| Inferring through Clues ||
|---|---|
| Conclusions | Clues |
|  |  |
|  |  |
|  |  |
|  |  |
|  |  |
|  |  |
|  |  |
|  |  |
|  |  |
|  |  |

使用说明：此工具可以用在阅读过程中的推理。学生先在左边的一列写出推理或结论，然后在右边一列写上线索。这样的设计体现了逆向思维，要求学生先下结论或者推理，然后再去文本找到相应的线索。

（2）结论-证据表。

| Conclusion–Proof ||
|---|---|
| Title： | Topic： |
| 1. Read paragraph _____ and find a sentence that proves that _____ <br> _____ <br><br> Proof: _____ <br> _____ <br><br> 2. Read paragraph _____ and find a sentence that proves that _____ <br> _____ <br><br> Proof: _____ <br> _____ <br><br> 3. Read paragraph _____ and find a sentence that proves that _____ <br> _____ <br><br> Proof: _____ <br> _____ <br><br> 4. Read paragraph _____ and find a sentence that proves that _____ <br> _____ <br><br> Proof: _____ <br> _____ ||

使用说明：此工具可以用于阅读过程的推理。学生先写上段落的数字，然后写上段落里的推理，最后，学生再写上线索和证据，从而形成推理链。一个段落可以有一个推理，也可以有多个推理。

（3）"二十个问题"表。

| Twenty questions | | |
|---|---|---|
| Title： | Topic： | |
| Question | Yes or No | Clue |
| | | |
| | | |
| | | |
| | | |
| | | |
| | | |
| | | |
| | | |
| | | |
| | | |
| | | |
| | | |
| | | |
| | | |
| | | |
| | | |
| | | |
| | | |
| | | |
| | | |

使用说明：此工具可以用于记录"二十个问题"游戏的过程。参与游戏的学生将问题、答案和线索依次记录。题目数量限制在二十个。在游戏结束后，学生可以分析答案为"是"的问题和线索，看看这些线索是如何呼应以及形成逻辑关系的，帮助推理文本。

（4）推理角度表。

| Inference from Different Points |||
|---|---|---|
| Kind of Inference | Question | Answer |
| Location | Where does this happen? | |
| Career, Occupation, or Job | What's the character's job? | |
| Feeling | What's the feeling being described?<br>How does the character feel? | |
| Time | What season is it?<br>What time in... is it?<br>What time is it? | |
| Action | What is the action?<br>What will the character do? | |
| Problem | What's the problem? | |

使用说明：此工具提供了推理的不同视角，用于引导和帮助学生从多种角度推理。此工具提供了视角和问题支架，学生可以根据文本的内容进行推理，如文本内容是"Jack won the first prize in the reading contest last week"，教师可以用"How does Jack feel?"启发和引导学生进行推理；再如"The leaves are falling and the streets are covered with the colourful leaves"，教师可以用"What's the season is it？"引导学生对时间进行推理。

## 应用训练

Direction: The mini-passage will be followed by a series of statements. Read the passage. Look for details that help you infer. Try to determine which of the statements can be properly inferred. In each set, there may be many correct inferences, or there may be none. Choose either yes or no for each statement.

Despite its 1979 designation as a threatened species, the desert tortoise has declined in numbers by 90 percent since the 1980s. Although federal protection made it illegal to harm desert tortoises or remove them from the southwestern North American deserts, this measure has been insufficient to change the species' decline. The lack of recovery is partly due to the desert tortoise's low reproductive potential. Females breed only after reaching 15 to 20 years of age, and even then may only lay eggs when adequate food is available. The average mature female produces only a few eggs annually. From these precious eggs, hatchlings emerge wearing soft shells that will take five years to harden into protective armor. The vulnerable young are entirely neglected by adult tortoises, and only 5 percent ultimately reach adulthood.

资料来源：LSAT Reading Comprehension Strategy + Guide Online Tracker by Manhatta Law School Admission Council.（P. 110）

1. Poachers（盗猎者）have largely ignored the threatened species status of the desert tortoise.

☐ Yes ☐ No

2. Not all tortoises live in marshlands.

☐ Yes ☐ No

3 A young desert tortoise's shell becomes fully formed more than two decades after the tortoise's mother was born.

☐ Yes ☐ No

4. Had the penalties for violating federal protection regulations been stiffer, there would have been less of a decline in desert tortoise populations.

☐ Yes ☐ No

5. An average mature female desert tortoise's output of eggs in any given year is unlikely to result in any new adult members of the species.

☐ Yes ☐ No

6. Young tortoises are forced to seek protection by forming small groups.

☐ Yes ☐ No

7. Within the first few years of life, a hatchling's shell conveys no survival advantage.

☐ Yes ☐ No

8. The desert tortoise's low reproductive potential has contributed more to the species' decline than has lack of food for foraging.

☐ Yes ☐ No

# 提问质疑

提问是阅读理解最关键的钥匙。提问能使你看清疑惑，提问刺激你研究错误，提问有助于我们进入阅读情境。人类天生爱探询答案，发现世界的意义。

——哈维

## 概念阐述

> 提问质疑（Questioning）是指读者在阅读前、阅读中和阅读后提出问题，质疑，并努力在阅读过程中自己去寻找答案，解答问题。自我提问是一种学生在阅读中与文本、作者进行对话和互动最形象生动的方式。

## 提问质疑策略的作用

提问是课堂教学最为常见的教学方法，也是在阅读教学中促进学生理解和思维发展的主要方法。高尔研究发现，课堂上多达80%的时间用于提问和回答。从传统课堂一直延续到现在的课堂，主要采取教师设计问题，学生回答问题的方式。教师提问的目的是为了检验学生对文本的理解和知识的掌握程度。梅根（Meghan，1979）将这种对话方式称为"IRE"模式，"I"是教师提出问题（Initiation），R是学生回应（Response），E是教师评价（Evaluation）。他们对此模式提出批评，认为课堂上的这种对话只是让教师了解学生，没有真正促进学生的理解。

在"IRE"模式的课堂，教师掌控着课堂提问权和主动权，提出其认为需要回答的问题，然后学生到文本中去寻找老师要的答案。这样的课堂是以教师为中心，而不是以学生为中心，学生只是被动地学习，回答问题只是为了完成老师布置的任务。学生与文本的互动更无从谈起，对文本的理解仅仅停留在表面或者只是围绕教师的想法。

阅读教学的本质是对话，是学生、教师、作者、文本、教科书编者之间的对话，是一场多重关系、多种向度的对话。在多元复杂的阅读场域中，毫无疑问，学生应是对话的主体。只是当前的阅读教学，"霸权对话"仍屡见不鲜，教师由于在认知、情感、社会等方面占有优势，常常是对话的发起者和问题的设计者，主宰着课堂。大部分学生由于害怕被嘲笑，不敢说出自己的想法和观点，回答问题也是为了揣摩教师的心理并迎合教师的需要。学生被牵着鼻子走，结果学生独立思考的时间和空间被剥夺了，学生思维的积极性被扼杀了，学生失去了学习的主动性。这样的课堂对话通常是假对话、虚对话和空对话。

更有甚者，教师提出的问题只是来自教参，是"专家"的问题，而不是教师的问题，更不是课堂里学生的问题，远远不能反映学生的学情和个性需求。此外，很多教师提出的问题有低阶化倾向，很多问题停留在字面理解，仅仅要求学生理解文本的字面意义，如回答事件发生的时间、地点、人物和事情的因果关系，这只是阅读的最基本的层面。高质量的问题通常是推理性问题和评价性问题，要求学生从字里行间推测话语隐含的意义，根据经验和知识来分析和评判作者的观点。只有高质量的问题才能促进学生对文本的深度理解，培养学生的分析能力、创造能力和批判性思维。

要解决这些问题，培养学生的问题意识、提高提问质疑能力是有效的途径之一。问题意识是指学生在认知活动中意识到的一些难以解决的、疑虑的实际问题，或讨论问题时产生的一种怀疑、困惑、探究的心理状态。

如果学生有问题意识，他们的思维就会为解决某一具体的问题而启动。此时，学生就会利用已有的知识进行积极的思考，学生大脑内部也会产生一种自我刺激、自我运动、自我发展的过程，并对已有的知识、经验进行重新理解，从而丰富和发展认知结构。

有问题意识的学生总会对看到的文字产生疑问或者思考，例如，会提问质疑的学生看到"Sad Elephant Starves Self to Death in Zoo"的文章标题时，会围绕"死"这个关键词，提出很多问题，如"How old was she?""Is it possible she really died because of old age or because she was ill?""What's the people's reaction to her death?"这些问题会提供给学生具体的阅读目的和动机，促进学生对文本主旨的理解，其实这些问题也是作者想要告诉读者的主要内容和意思。

提问质疑在四个方面促进了学生对文本的理解。

首先，学生提问表明其一直在与文本互动，通过提问与文本和作者对话。会提问的学生一般来说具有阅读目的和意识，在遇到理解困难时会不停地思考，思想更集中。

其次，提问会激发学生阅读兴趣。通常，会提问的学生比不会提问的学生好奇心强，更有意愿和动力去解决阅读中的问题。当一个学生对文本世界好奇，喜欢探究的话，他很有可能对现实世界充满好奇，喜欢探究各种各样的问题。

再次，提问使学生在阅读过程中关注重点，让学生能更深入地学习和了解文本内容和细节。读前质疑能够激发学生阅读的兴趣，聚焦文本内容，使学生带着准备进入阅读；读中质疑引导学生自主阅读，聚焦文本重点信息，获得文章主旨，从而达成阅读目的；读后质疑引导学生进一步组织信息，强化记忆所学的内容，养成判断和推理的能力，从而提升阅读效果。

最后，提问还会驱动学生超越表层信息，不断地推理和探究，挖掘文本中深层次的意义。推理能力的培养是通过不断提出问题和回答问题才实现的。

建构主义理论认为，学生是知识意义的主动建构者，而不是外界刺激的被动接受者。只有通过自己的切身体验和合作、对话等学习方式，学生才能真正完成知识意义的建构。学生在提问时会充分调动已有的知识和经验，形成新的观点和见解，这个过程体现了学生在阅读对话中的主体地位，有助于提高其自主学习能力、思维能力和主动建构意义的能力。质疑的好处还在于能够激发学生想象的活力，促使其产生好奇。学生提问表明其思维是开放的，提问也意味着冒险，而不是按部就班，是持续而深入地探索文本。

## 使用提问质疑策略的教学建议

1. 激发学生的问题意识

外语学习焦虑是一种外语学习特定环境下产生的焦虑反应，此种反应也体现在提问上，许多学生在课堂上不敢提问，不愿提问，不能提问，导致质疑能力和主动探究的能力不高，也影响了对文本的理解和挖掘。

教师要营造宽松、和谐、平等的课堂氛围，培养学生的问题意识，并为学生创造各种机会与情境，鼓励和激发学生提问、思考。哈默（Harmer, 2004）指出，一个好的教师应尽可能多地为学生话语创造机会，尽可能地减少教师话语。

教师还要认真处理学生提出的每一个问题，及时抓住学生思维中的闪光点，分析问题的价值，进行具体指导，并对其存在的问题积极引导，直至解决问题。学生只有不断体验提问成功的感受，其提问和质疑的意识才会逐渐增强，才会养成勇于质疑、敢于质疑和乐于质疑的习惯。

学生同伴间的尊重、合作和倾听是营造课堂良好提问质疑氛围的重要条件，教师要引导学生以和悦的态度互相倾听，以思辨的精神回答问题，鼓励学生通过提问来提取、分析和应用信息，并以合作的方式分析和解决问题。

学生提出问题后，教师要学会延迟判断，不要马上给出答案，而是要让问题在学生的大脑中停留一段时间，让他们思考，再让他们或者其他同学回答。教师要引导学生不是仅仅只提出一个问题，而是根据一个问题，延伸出很多问题，将问题形成闭环式的问题链，还要引导学生通过不断地提问将质疑的焦点逐步引向文本的重点，解决文本的核心问题。问题的延伸通常是思维延伸的过程，也是引导学生进一步阅读，寻找新知识的过程。

在阅读过程中，教师要鼓励学生在读前、读中和读后停下来，记录他们想提的问题，教师还要问问学生有没有"迟迟没有解决"的问题，这种问题对于阅读来说是很重要的问题。当学生在提问和寻找答案的时候，其实是在调控阅读过程，在与文本进行互动。

## 2. 先从分析文体特征开始

课堂上常见的阅读文体是虚构类文本和非虚构类文本两类，虚构类文本的要素是人物、地点、时间、事件等，非虚构类文本的要素是标题、中心句和图片以及版式组织形式等。教师可以先引导学生从分析文体特征入手，建立提问的"支架"，激发提问的意识。

在阅读虚构类文本时，最常见和容易的方法是"5W1H"提问，即鼓励学生用 What/When/Where/Which/Who/How 来提问。这些引导词基本上覆盖了人物、地点、时间、事件等虚构类文本的要素。如上海版《牛津英语》九年级上 Unit 5 阅读材料的标题是"On holiday"，教师要求学生阅读标题和图片后提出问题。以下是学生结合 5W1H 方法提出的问题：

Who would go on the holiday?
When would they go on the journey?
Why did they want to go on the holiday?
How did they travel to the destination?
Where would they travel?

What did they do to prepare for the trip?

What happened to them when they were on the holiday?

What did they see on the holiday?

What did they get from the journey?

这些问题基本上将文章的主要脉络体现出来，涉及此次旅行的人物、时间、目的、方式、事件和结果，是典型的故事类要素。学生以所提的问题为线索，阅读课文，寻找答案。学生还可以将答案梳理和整合起来，就形成了这篇文章的缩写。

再如，上海版《牛津英语》八年级上 Unit 4 "Numbers" 的教学，教师布置学生阅读标题 "Zero"，再提出 "What would you like to know about 'Zero'?"，引导学生进行质疑和提问，以下是学生的问题：

What is zero?

Who invented zero?

Where was zero invented?

When was zero invented?

How did the people invent zero?

Why did the people invent zero?

这些问题的答案其实也是文本内容的主要框架，将"zero"发明的背景、用处、过程等勾勒出来，帮助学生理解文本基本内容。

在处理非虚构类文本时，学生可以借助主题、主题句、结论等文体特征进行提问或质疑，如 "What do we know about the topic?" "What's the main idea of each paragraph?" "What's conclusion of the passage?" "What's the supporting details?" 等等。

### 3. 引导学生提出高阶的问题

以上两个案例适合于阅读前或者问题能力培养的初始阶段。这些案例中的问题基本上属于事实层面,在布鲁姆教育目标分类法中属于低阶层次,只是与记忆、识别等思维和行为有关,缺乏创造、评价等创新性和批判性思维的要求,而且时间一长,学生会形成思维定式,习惯性地用这些疑问代词提问。

我们可以形象地把问题分成两类:"瘦"的问题和"胖"的问题。"瘦"的问题只需学生读一读很快就能找到答案,或者是把单词查阅一下就能得到答案。"瘦"的问题的答案通常是理解单词和解释事实。答案的形式是数字或者简单的"是"或"否"。

"胖"的问题激发学生深层次和批判性地思考,鼓励讨论,需要学生理解、分析、判断。问题的答案通常和宏大的、意义深远的主题有关,是以"Why""How come""I wonder"或者"Why not?""If not?"类似的开头提出问题。学生回答这些问题时,要将阅读中获取的信息放在新的场景中,解决现实生活中真实的问题,具有开放性和批判性。答案通常是较长的,需要学生进一步讨论和研究才能得出。"胖"的问题属于高阶或高层次的问题,需要学生在理解的基础上,分析、判断、应用,形成自己的观点,从而生成答案。

当学生初步养成提问的习惯和意识后,教师要引导学生提出高阶或高层次的问题。只有高阶问题的提出和解决,才会催生对话式阅读(Dialogic reading),驱动学生理解,支持学生的语言发展和高阶思维发展。

很多研究者提出了关于提问的框架,例如布朗(Brown,2003)列出七种问题,由易到难:知识性问题(knowledge questions)、理解性问题(comprehension questions)、应用性问题(application questions)、推理性问题(inference questions)、分析性问题(analysis questions)、综合性问题(synthesis questions)和评价性问题(evaluation questions)。再如布鲁姆的知识分类法:事实性知识(factual knowledge)、概念性知识(conceptual knowledge)、程序性知识(procedural knowledge)和元认知知识(metacognitive knowledge)。我们可以借鉴这些理论引导学生的提问从低阶水平走向高阶水平,培养他们的高阶思维,促进对文本的深度解析和理解。在此笔者重点介绍几种操作比较简单、符合阅读认知思维的方法。

（1）"Question-Answer Relationships (QAR)"法。

QAR法主要由拉斐尔（Raphael）提出，他认为可以从四个层次定义问题的分类，第一层次是"就在那儿（Right there）"，第二层次是"作者和我（Author and me）"，第三层次是"想一想，然后搜索（Think and search）"，第四层次是"提出自己的观点（On my own）"。这四个层次的问题分别对应的是"字面理解的、解释性的、应用性的和批判性的"层次，形成了一个逻辑性较强的问题闭环。本书介绍的核心策略能够在这个方法的应用中体现出来。

"就在那儿"问题的答案在文本的某一处，通常是问题之后的具体事实或信息，而且常与问题主干在同一句子里。问题如"When was Tomas Edison born?"学生要么只需要扫读就能找到答案，要么在笔记中记下重要的信息，要么通过上下文明确生词的释义。

"想一想，然后搜索"问题的答案在文本里，但不是在一处，而是在文本的多个地方。问题如"What factors might influence global warming?"要回答这个问题，首先要思考一下，然后到文本的多处寻找，再整合答案。学生还要确定重点内容，概括、使用文本结构知识理解文本，并将背景、情绪和程序性知识等可视化。学生还需要根据情境解释象征和比喻，在不同文本间建立联系，进行简单的推理。

"作者和我"问题的答案不在文本中，而是与学生的个人经验、感受发生联系。问题如"What would you have done if you were Tom?""How is the earthquake similar to other earthquake you have known?"回答此类问题需要回顾、总结文本内容，在作者和自己间建立联系。学生还要猜测、想象、推理、辨识事实与观点。

"提出自己的观点"问题的答案与文本有关，但不是根据文本回答。问题如"What have you learned so far about the AI? (Before Reading)""Now that we have learned about how global warming effects the seasons, how might global warming influence our life? (After Reading)"要回答此类问题,学生需要结合自己的经验和背景知识并建立各种联系,形成自己的观点和判断,要具有批判性思维。

QAR法根据"问题与回答的关系"和"答案出处"两个原则设计问题,形成相应的问题梯队和矩阵。这些问题既有低阶的问题也有高阶的问题,能够满足不同层次的思维和认知需要,学生也容易学习和掌握使用这个方法。

以下是上海版《牛津英语》九年级下9B Unit 4 "Tom and Sawyer paints the fence"中学生可以提出的问题:

**Before reading**

On my own: From the title, what do I already know that can connect me to the story?

Author and me: From the title, what might this story be about?

**During reading**

Think and Search: What is the problem or conflict and how is it resolved?

Right there: What's the relationship between Tom Sawyer and Ben?

What are some words describe Tom Sawyer's mood?

Where did the story happen?

Who painted the fences?

**After reading**

Author and Me: What is the author's message?

What is the theme and how is it connected to the life beyond the story?

How is the author using particular language to influence our beliefs?

Think and Search: Find evidence in the text to support an opinion.

（2）"Questioning the author"法。

还有另一种常用的能促进学生理解、加强学生与作者对话的提问方法——"Questioning the author"（质疑作者）。这个方法由贝克（Beck）和麦基翁（McKeown）于20世纪90年代提出，他们认为此方法能够帮助学生在阅读时超越事实，培养和发展高阶思维，主动地探究。这个方法鼓励学生不仅质疑自己的理解，提出自己的困惑，还从作者的角度质疑文本结构和写作方法。学生与文本和作者的关系发生了根本的变化，学生不是被动地接受文本，被动地阅读，而是批判性地阅读。学生的提问不是停留在事实或信息层面，而是在分析、质疑和批判层面。学生可以根据以下的问题提问：

Does the author explain the points clearly?

What is the author trying to say?

What is the intent of the author?

Could the author help me understanding more? If so, in what ways?

How does the information in this text connect to what I already know?

What was the writer's reason for writing this text?

Could something have been added to make it clearer?

Why is the author telling me that?

Do I understand what the author writes?

How could the author have said things more clearly?

"质疑作者"提问法能够与所有的阅读理解策略产生联系，学生可以从阅读理解策略的多种角度提出问题，而且绝大多数的问题属于高阶思维，是以思辨的方式与作者开展对话，能够促进学生对文本的深度理解。以下是阅读理解策略与"质疑作者"提问法的对应问题表：

| 理解策略 | "质疑作者"提问法的问题 |
|---|---|
| 联系 | · What does the author assume you already know?<br>· How does what the author is telling you connect with your previous knowledge or experience? |
| 预测 | · What can you predict from the title?<br>· What can you predict the author will tell you? |
| 提问质疑 | · All[①] |
| 想象 | · Why is the author giving you this description or example or showing you this visual? |
| 推理 | · What does the author want you to understand?<br>· Why is the author telling you this?<br>· Does the author explain why something is so?<br>· What's missing here?<br>· What do I have to know or figure out? |
| 确定重点 | · What does the author want you to understand?<br>· What is the point of the author's message?<br>· What does the author apparently think is most important?<br>· How does the author signal what is most important? |
| 形成观点 | · What does the author want you to understand?<br>· How does this follow with what the author has told you before? |
| 调控和修复 | · What does the author say that you need to clarify?<br>· What can you do to clarify what the author says? |

改编自 "Comprehension Processes and Questioning the Author" by Doug Buehl. *Classroom strategies for interactive learning (4th ed.)* (p.164). Newark, DE: International Reading Association, 2014.

（3）"Weiderhold" 矩阵法。

"Weiderhold" 矩阵法是韦德赫德（Weiderhold）于 1991 年提出的，能够帮助学生建构提问的框架，找到提问的方向和依据。从下表可以看出，

---

① 指此表中所有的问题都可以使用。

矩阵法包含了两个维度：一个维度是以 what、where、which、who、why 和 how 疑问代词开头的问题设计，基本覆盖了虚构类文本和非虚构类文本的要素，还有一个维度是以 is、did、can、would、will 和 might 为标志的语气或时态用词。

此提问法提供了多种语气或者时态用法，适合多种文本和语境的使用，而且学生能够提出事实性问题、预测性问题、想象性问题、评价性问题，从上到下逐渐变得复杂和开放。尤其是用 would、will、might 等词提问的问题具有创造性和实践性的特点。要回答这些问题，并不能从文本中直接找到答案，而是要根据文本内容，充分想象，并结合自己的经验，形成观点。

学生在熟练掌握这个提问法后，提出问题时不需要依赖教师，能自主地设计和提出问题。此提问法具有较强的灵活性，适合于不同类型的文本，或者满足不同思维水平检测和评估的要求。

## Weiderhold 问题矩阵图

|  | Event | Situation | Choice | Person | Reason | Means |
|---|---|---|---|---|---|---|
| Present | What is? | Where / When is? | Which is? | Who is? | Why is? | How is? |
| Past | What did? | Where/When did? | Which did? | Who did? | Why did? | How did? |
| Possibility | What can? | Where/When can? | Which can? | Who can? | Why can? | How can? |
| Probability | What would? | Where / When would? | Which would? | Who would? | Why would? | How would? |
| Predictability | What will? | Where / When will? | Which will? | Who will? | Why will? | How will? |
| Imagination | What might? | Where / When might? | Which might? | Who might? | Why might? | How might? |

（4）读前、读中和读后的一体化提问。

阅读通常分读前、读中和读后三个阶段。每个阶段的阅读任务是不同的，对学生思维水平的要求也是不同的，相应地，每个阶段的问题也是不同的。无论是教师的提问，还是学生的提问，都应该与内容、任务和思维匹配，这样才会促进学生对文本的理解。尽管阅读是分阶段的，但是文本具有整体性，具有内在的逻辑和主线。因此，学生提出的问题要体现文本整体的特征，问题与问题间要具有逻辑性、系统性、衔接性，从而帮助学生整体理解文本。以下是学生在读前、读中和读后过程中的提问、质疑：

| Stage | Question |
| --- | --- |
| Before reading | · Why am I reading this text?<br>· What do I already know about this topic?<br>· How can the text structure help me to read?<br>· What will this text be about? |
| During reading | · Is this text making sense?<br>· What just happened?<br>· What will happen next?<br>· Did I miss anything?<br>· What makes this text difficult to understand?<br>· How does... relate to...?<br>· What does this... remind me of...?<br>· What caused...?<br>· What would happen if...?<br>· What does... mean? Why do I think so?<br>· How does... affect...?<br>· What information is important enough to remember as I read the rest of the text?<br>· What am I supposed to be learning by reading this text?<br>· Why is... important? |
| After reading | · So what?<br>· Did the reading end the way I predicted?<br>· What do I want to remember?<br>· How could I communicate what I read to someone else?<br>· Why did the author write this?<br>· In what ways is this text like anything else I have read?<br>· What was I supposed to learn by reading this text? |

此内容改编自 "Good question for Before, During, and after reading" from Jeff Zwiers. *Building reading comprehension habits in Grade 6-12(2nd ed)*. USA: International Reading Association，2010.

（5）培养提问质疑能力的若干方法。

- 辩论。辩论活动是培养学生提问质疑能力的一种重要方式。我们经常在教材中见到围绕有争议的话题写的文本，这些文本通常是围绕一个主题讲述不同的观点。在阅读文本后，学生根据观点的不同建立相应的小组进行辩论。学生首先应该基于文本提取观点、分析事实、提出论据，还应该结合生活经验和个人的价值判断，有理有据地表达个人的观点和主张。辩论有助于学生辨别事实和观点，提高思辨力以及分析能力，提升问题意识和能力。教材中有类似性质的文本，例如上海版《牛津英语》九年级上 Unit 3 的 "Head to head" 讨论了两种养宠物的不同观点；译林版《牛津英语》高一下 Unit 1 的 "Advertisements" 讲了人们对广告的不同看法以及广告的利弊；译林版《牛津英语》高三上 Unit 3 的 "The perfect copy"，讨论克隆技术是划时代的重大科技突破，还是与伦理道德相悖，是人类文明的倒退，这些文本提供了很好的辩论材料和视角。

- 角色互换提问。在传统课堂中，通常是教师提问，然后学生根据文本内容或者教师思路回答问题，这在一定程度上会限制学生的自主探究和对文本的解读。教师可以安排角色互换，将提问权交给学生，体现学生在课堂的主体地位。角色互换通常是两人一组的方式，阅读后，一名学生负责提问，另一名学生回答，之后，两人互换角色，再继续提问。在不断地生疑、设疑和释疑中，学生不仅会饶有兴趣地阅读，还会深度挖掘文本，解决疑惑。

- 问题大转盘。问题大转盘是一种课堂教学游戏。教师在课前先制作一个问题转盘，在不同的区域写上 what、where、which、who、why、how 等引导词，也可以留空白之处。转盘可以由老师转，然后由轮到的学生根据转到的要求提问，其他同学回答；转盘也可以由学生自己转，自己提问，再由其他同学回答。一个学生完成任务后，另一个学生接着转并提问，一直到活动结束为止。问题大转盘游戏具有较强的趣味性和随机性，能够调动学生的阅读兴趣，明晰提问意向，促使学生仔细阅读文本。

- 猜测游戏。猜测游戏能激发学生的学习动机，符合学生好奇心强的心理特点。竞猜者不知道所猜的物品，要根据老师或者同学的提示发问，然后同学回答是否属实，获取有关物品的信息。竞猜者一直提问下去，直到最终得出答案。通过这种方法学生能够掌握如何提问的技巧，提高其思辨能力。这种方法寓教于乐，学生一般会比较喜欢。

- 举行"新闻发布会"。举行"新闻发布会"通常是在阅读的读后活动环节。英语课堂上的"新闻发布会"的"记者"是学生，"主持人"是老师。活动时由学生向老师提出问题，问题既可以是基于文本内容的，也可以是超越文本的。当一个学生提出一个问题后，其他学生就不能提出类似的问题，所以越到后面，挑战性越高。还有一种方式是由一个学生当"主持人"，其他学生当"记者"，轮流地向主持人提问。教师还可以组织"无主持人新闻发布会"活动，活动并不安排主持人。教师让学生自由提问，自由抢答。如果每次阅读后能够固定自由问答环节的话，既帮助学生复习和巩固了文本内容，又培养了质疑提问的习惯以及质疑释疑的能力。

## 教学中的语言支架和工具支架

### 1. 语言支架

（1）虚构类文本。

  What question did you have?

  What did you wonder about while you were reading?

  Do you have any question you expect the author to answer?

  Do you have a question before you start to read the passage?

  Do you wonder about why a character behaves in a certain way?

Do you wonder why the author included a particular character?

Do you wonder how the setting(the time and place)will be important to this story?

Do you wonder what will happen next?

Do you wonder why the author chose this title?

Can you determine how this problem will probably be solved?

How does the question affect you understanding of the passage?

How will the problem get solved?

If you could ask this author one question, what would you like to ask?

How did wondering help you understand the text better?

（2）非虚构类文本。

What question did you have?

What did you wonder about while you were reading?

Do you have any question you expect the author to answer?

Do you wonder what will happen next?

Do you wonder why the author included a particular detail or particular information?

What questions will this text probably answer?

If you could ask this author one question, what would you like to ask?

How did wondering help you understand the text better?

2. 工具支架

（1）自我提问表。

| **Questioning Chart** |
|---|
| Text Title: |
| Topic: |
| Before reading |
| During reading |
| After reading |

使用说明：此工具可用于整个阅读过程，学生可以在阅读前、阅读时和阅读后，分别在相应的表格内写上想要提出的问题，在自我引导中阅读文本。

（2）"我想知道……"表。

| I wonder…. | |
|---|---|
| Title： | Topic： |
| Poem: I wonder….<br>I wonder...<br>I wonder...<br>I wonder...<br>I wonder...<br>I wonder...<br>I wonder...<br>... | |

使用说明：此工具用于引导学生创作"I wonder"诗歌。"I wonder"后面通常加疑问句。学生在阅读前或者阅读后，根据文本的主题或者内容提问，并把句子统一放在"I wonder"之后，这样编写成了一首小诗。这个方法还可以检验学生掌握和应用宾语从句的情况。

（3）"提问－证实"表。

| Questioning–Verification | | |
|---|---|---|
| Title： | Topic： | |
| What's your question? | What's the answer? | How did you get it? |
|  |  |  |
|  |  |  |
|  |  |  |
|  |  |  |

使用说明：此工具用于阅读中设疑、答疑和释疑，引导学生自己提出问题和解决问题。学生先根据标题或者在第一次阅读后提出问题，在第一列写下问题，然后到文本中寻找答案，把答案写在第二列，之后还要在第三列解释和分析答案是如何得出来的。

（4）"5W1H"提问表。

| "5W1H" Questioning | |
|---|---|
| Title: | Topic: |
| Who? | |
| When? | |
| Where? | |
| What? | |
| Why? | |
| How? | |

使用说明：此工具提供了六个疑问代词，学生可以根据这六个疑问词提出相应的问题。每个问题不限于一句。学生也可以在问题后面写上答案。此工具使用方便，适合于很多文本。学生经常使用的话，会强化其问题意识。

（5）"Weiderhold"提问表（完整版）。

| | Weiderhold Questioning Matrix Chart（Full Version） | | | | | |
|---|---|---|---|---|---|---|
| | Event | Situation | Choice | Person | Reason | Means |
| Present | What is? | Where / When is? | Which is? | Who is? | Why is? | How is? |
| Past | What did? | Where/ When did? | Which did? | Who did? | Why did? | How did? |
| Possibility | What can? | Where/ When can? | Which can? | Who can? | Why can? | How can? |
| Probability | What would? | Where/ When would? | Which would? | Who would? | Why would? | How would? |
| Predictability | What will? | Where / When will? | Which will? | Who will? | Why will? | How will? |
| Imagination | What might? | Where / When might? | Which might? | Who might? | Why might? | How might? |

使用说明：此工具根据 Weiderhold 提问法设计，是完整版。本工具提供了文本基本元素和事情发生的可能性两个支架，让学生结合起来提出问题。多维度的融合能够丰富学生探究和分析的视角，促进学生高阶思维的发展。

（6）"Weiderhold"提问表（简约版）。

| | Weiderhold Questioning Matrix（Simplified Version） | |
|---|---|---|
| Topic： | | Title： |
| Event | What? | |
| Situation | Where? | |
| Choice | Which ? | |
| Person | Who? | |
| Reason | Why? | |
| Means | How? | |

使用说明：此工具是 Weiderhold 提问的简约版。此工具与"5W1H"提问工具略有不同，"5W1H"工具只是提供疑问代词，无任何限制，但是此工具要求学生考虑文本的基本元素。

（7）"问题—答案关系"提问表。

| Question–Answer Relationships Questioning ||
|---|---|
| Title: | Topic: |
| Level | Question |
| Right there | |
| Author and me | |
| Think and search | |
| On my own | |

使用说明：Question-Answer Relationships Questioning 简称 QAR 提问法。此工具根据 QAR 提问法设计，学生可以从四个层次设计问题："就在那儿""作者和我""想一想，然后搜索""提出自己的观点"。这四个层次的问题分别对应的是"字面的、解释性的、应用性的和批判性的"，形成了一个问题闭环。

（8）布鲁姆目标分类法提问表。

| Bloom's Taxonomy Questioning ||
|---|---|
| Title: | Topic: |

| Level | Strategies | Question |
|---|---|---|
| Creating | · Synthesizing<br>· Visualizing | |
| Evaluating | · Inferring | |
| Analyzing | · Making connections<br>· Determining the importance | |
| Applying | · Making connections<br>· Inferring | |
| Understanding | · Determining the importance<br>· Inferring<br>· Visualizing | |
| Remembering | · Determining the importance | |

使用说明：此工具根据布鲁姆目标分类法设计，布鲁姆目标分类法有六个层次：记忆、理解、应用、分析、评价和创造。前三个通常被认为是低阶思维，后三个被认为是高阶思维。学生可以根据内容设计相应的问题。此工具还提供了与六个层次相对应的有关理解策略，帮助学生在提问时发挥其他理解策略的思维作用，提升问题的质量。

## 应用训练

Direction: Read the passage. Stop after you read each paragraph and ask yourself a question about what you have read. Answer the question after the passage.

### America's Littlest Big Eater

Think of the biggest meal you've ever eaten. It's likely that Sonya Thomas has eaten a lot more than that. The petite woman weighs only about 100 pounds, yet she has smashed national and international records in competitive eating. Competitive eating events are contests to see who can eat the most of a certain kind of food in a set amount of time. When it comes to this competition, dainty diners need not apply.

Have you ever eaten lobster? Sonya can eat 44 of them in 12 minutes. How about french fries covered in chili and cheese? Sonya once ate more than 8 pounds of them in 10 minutes. Sonya has eaten 65 hard-boiled eggs in 6 minutes and 40 seconds. That's about half the time it takes to cook a single egg! You might eat a slice of cheesecake for dessert. Sonya once consumed 11 pounds of this rich dessert in just 9 minutes. Sonya stays in shape by eating lots of fruits and vegetables and by avoiding junk food, except in competitions. She also exercises regularly. These habits not only help keep Sonya Thomas healthy but allow her to perform better in competitions.

材料来源：Daily reading comprehension Grade 5 by Evan-moor Educational Publishers. (P43)

Write questions that you thought of while reading. Write the answer if you found it.

_____

_____

# 确定重点

在所阅读的书本中找出可以把自己引到深处的东西，把其他一切统统抛掉，就是抛掉使头脑负担过重和会把自己诱离要点的一切。

——爱因斯坦

## 概念阐述

> 确定重点（Identifying importance）是指学生在阅读过程中有意识地鉴别信息，分辨哪些是重要的信息，哪些是次要的信息，并知道如何利用不同的文本结构和特征获取所需要的信息，知道如何提纲挈领地提炼文章的主要内容。学生在阅读时总会思考为什么阅读，知道阅读的目的。也有研究者称之为"确定中心思想（Determining the main idea）"或者"注意（Notice）"。

## 确定重点策略的作用

21世纪是知识和信息爆炸的时代。培养学生信息识别、筛选和跟踪能力，有利于学生从浩瀚的信息中采撷到真正有价值的信息，提高学生对信息的使用与改造能力，将信息转化成为个人的知识和智慧。信息识别、筛选和跟踪能力已成为现代人的重要生活技能，也是阅读素养的重要组成部分。《高中英语课标》对学生的阅读技能有以下要求：辨认关键字词和概念，以及迅速查找目标信息、分辨语篇中的冗余信息。这两项阅读技能与确定重点这一策略密切相关。信息识别、筛选和跟踪能力的关键是能够根据阅读目的，确定重点的内容和信息。

在课堂上我们经常可以听到"重点"这个词，但是这个"重点"是教师眼中的"重点"，例如目标词汇、重要词组、中心思想、段落大意等。教师的教学行为也经常关注"重点"，要求学生将"重点"画出来，然后背诵、记忆，完成对"重点"的学习；之后，再围绕"重点"考查学生。但是这样的方法常与考试的重点有关，与事实和信息的记忆有关，却与文本理解及信息识别、筛选和跟踪能力关系不大。

基于理解的确定重点策略是学生根据特定的阅读目的，主动寻找信息，并有意识地将重点的信息和知识提炼出来，再进行加工处理。熟练掌握了确定重点策略的学生能够更好地判断、解读文本的关键部分，分辨文本中的冗余信息，抓住自己需要的关键信息，提炼主旨，确定主题，并促进理解，生成自己的知识。

方向决定路线。这一规律不仅适用于生活，而且适用于阅读。在阅读中，阅读目的是方向，阅读目的决定了如何阅读，要读些什么以及获得怎么样的结果。普氏（Pugh, 1978）、卢纳（Luner, 1979）和加德纳（Gardner, 1979）把阅读过程按照阅读的目的分成以下几种（转引自夏建清）：

- 接受性阅读：读小说、报纸、说明书等。
- 反思型阅读：读一读，停下来思考，看前后观点是否一致。
- 浏览性阅读：大致了解文本信息，如只看标题、开头句或开始段落等。
- 扫描性阅读：为了发现具体的信息而快速搜索，如看时刻表上的相关信息等。
- 精读：为了鉴赏文本而仔细研究等。

在英语阅读中，很多教师将阅读定位为"精读"，即为了全面、精确地理解文本而进行的从字词到句段再到语篇的仔细研读，是为了语言的阅读（learning for language）。如此的阅读方式，对于外语学习者来说，是必要的，因为语言的学习对于外语学习者来说是重要的任务。但是仅仅是精读，或者说仅仅是围绕语言技能培养的阅读是不够的。学校阅读教学的任务还要培养学生的信息识别、筛选和综合能力，培养他们具有良好的阅读习惯、品格和思维。

如今，阅读教学正逐渐回归素养本位。阅读教学的目标不仅仅是培养学生的课堂阅读技能，能够回答阅读理解题目，而且要培养他们在不确定的场景中获取信息和理解信息的能力，以及在生活中用阅读解决问题的能力。因而，阅读不应局限于教材阅读、课堂阅读或者应试阅读，而应是真实的阅读、丰富的阅读、具有多种目的的阅读。只有学生知道为什么要阅读，学生才会有意识地甄别信息，确定哪些信息是重点的，哪些是次要的信息，才能整合和利用有效信息，服务于阅读的目的。

文体结构和文本特征是帮助学生掌握确定重点策略的一个重要基石。"语篇的特定结构、文体特征和表达方式"是图式知识中的形式图式。如果读者掌握文章表达这些结构或格式的规则，那么就能够从一定线索或命题出发，获取重要的信息，推测文章下一部分会怎样表达。

例如，故事的组织结构是描述故事构成的一般规则系统，而人脑中保存的故事结构的知识就被称为故事的形式图式。具有故事形式图式知识的读者，阅读故事时会关注背景、人物、冲突和解决方法、结局等结构要素，并通过这些要素提炼重点信息和内容，以便更好地理解文本。再如，阅读新闻时，具有形式图式知识的读者，会关注标题、副标题、图片、字体等文本特征，并从这些特征中获取关键信息。

## 使用确定重点策略的教学建议

### 1. 尽可能提供多种语篇类型作为阅读文本

语篇文本是语言输入的教学材料。生活中的阅读材料是丰富多彩、类型多样的。在阅读课堂中，教师不仅要依托教材的阅读材料开展教学，还要尽可能地提供各种各样的语篇类型进行阅读教学，以便学生掌握在不同文本中提取重点信息和内容的能力。如果学习者在学习过程中很少接触不同题材和体裁的语篇，那会很难学会在真实的语境下阅读，从而造成阅读困难或者理解出现偏差的现象。《高中英语课标》中指出：接触和学习不同类型的语篇，熟悉生活中常见的语篇形式，把握不同语篇的特定结构、文体特征和表达方式，不仅有助于学生加深对语篇意义的理解，还有助于他们使用不同类型的语篇进行有效的表达与交流总结。

《高中英语课标》是如此界定语篇类型的：记叙文、议论文、说明文、应用文等不同类型的文体，以及口头、书面等多模态形式的语篇，如文字、图示、歌曲、音频、视频等。因而语篇材料既可以是以书面文字形式呈现的阅读材料，也可以是以录音、录像、视频等非文字方式呈现的口语材料或视听材料。教师要通过多文本、多模态的文本阅读教学，帮助学生积累丰富的文化背景，学习和了解不同体裁语篇的本质特征和主要特点，并学习如何根据阅读目的和文本特征获取重点信息，理解文本。

2. 基于不同的阅读目的训练学生

阅读目的意识（Purpose for reading）在确定文本重点中起到了重要的作用。皮切托（Pichert）和安德森（Anderson）认为，读者能否识别文本重点关键在于阅读的目的。通俗地说"为什么读"决定了"读什么"，阅读目的如同一根指挥棒，在无形地指挥读者的阅读行为。

学生在阅读一篇最新的关于科学发现的文本时，如果只是浏览而已，那学生通常关注的是科学发现的结果，满足好奇心；如果学生是为了完成一篇科学小论文，那他要关注的是研究过程以及与其他研究主题有关的内容；如果这篇科学发现的文章是英语试卷的一份材料，那学生要从命题的角度阅读，获取答案。教师要能够用同一个文本，根据不同的阅读目的，对学生进行训练或者教学。这样学生能够知道阅读目的如何服务于信息的提取和确定，掌握不同目的下的阅读技巧和方法。

在平时的阅读中，我们很少引导学生在阅读前去考虑阅读的目的，因为学生已经固化地认为阅读只有一种目的，即阅读只是外语课的一种类型。正因为缺乏目的意识，学生经常会在阅读理解时出现偏差或困难。以下是皮切托和安德森列举的如何引导学生关注重点的经典案例。研究者提供了"The House"的材料，然后安排了三次阅读，要求学生画出重点。

## The House

The two boys ran until they came to the driveway. "See, I told you today was good for skipping school, " said Mark. "Mom is never at home on Thursday." he added. Tall hedges hid the house from the road so the pair strolled across the finely landscaped yard. "I never knew your place was so big. "said Pete. "Yeah, but it's nicer now than it used to be since Dad had the new stone siding put on and added the fireplace. "There were front and back doors and a side door which led to the garage which was empty except for three parked 10-speed bikes. They went in the side door, Mark explaining that it was always open in case his younger sisters got home earlier than their mother.

Pete wanted to see the house so Mark started with the living room. It, like the rest of the downstairs, was newly painted. Mark turned on the stereo, the noise of which worried Pete. "Don't worry. The nearest house is a quarter mile away. "Mark shouted. Pete felt more comfortable observing that no houses could be seen in any direction beyond the huge yard.

The dining room, with all the china, silver, and cut glass, was no place to play so the boys moved into the kitchen where they made sandwiches. Mark said they wouldn't go to the basement because it had been damp and musty ever since the new plumbing had been installed.

"This is where my Dad keeps his famous paintings and his coin collection." Mark said as they peered into the den. Mark bragged that he could get spending money whenever he needed it since he'd discovered that his Dad kept a lot in the desk drawer.

There were three upstairs bedrooms. Mark showed Pete his mother's closet which was filled with furs and the locked box which held her jewels. His sisters' room was uninteresting except for the color TV which Mark carried to his room. Mark bragged that the bathroom in the hall was his since one had been added to his sisters room for their use. The big highlight in his room, though, was a leak in the ceiling where the old roof had finally rotted.

学生在第一次阅读时，根本不知道这篇文章的重点是什么，只是为了完成任务随便画画而已，讲不出理由，答案也是五花八门。第二次阅读前，研究者提出了要求：用粉红色的笔在纸上画出小偷眼中重点的内容。此时学生知道应该如何找到重点内容，边读边画出名画、珠宝、瓷器、珍贵皮毛和钱币之类的文字。第三次阅读时，研究者又提出了不一样的要求：从一位购房者的角度画出重点。从学生交上来的作业看，重点内容非常聚焦，主要是房子布局、房间、门和四周环境等内容。

三次阅读后，研究者要求学生分析结果有何不同以及原因何在。之后，研究者还要求学生比较第二次和第三次的答案，看看是否有共同点。如果有的话，组织学生讨论为什么小偷和买房子的人都会选择同一个内容。从此案例可以看到，学生在第一次阅读找重点时很迷茫，不知道如何入手，因为他们在阅读前没有确定目的，不知道为什么阅读，不知道哪些是重点和关键的信息。当他们明确任务要求，确定阅读目的时，找到重点内容和信息就容易得多，阅读速度和效率也快得多。

我们经常在阅读中使用的扫读、略读的阅读方法体现了不同的阅读目的。两者目的不同，关注点也不一样，略读的目的不在于精确地理解文章，而是为了了解大致内容，比如文章的中心思想、传达的主要信息、作者的基本观点。扫读的目的在于寻找某一特定信息，通常用于查找某个单词、短语、数字或文章片段。在日常教学中，我们还应该扩大阅读目的的范围，让学生在多种阅读目的下学会找到所需要的信息和内容。

### 3. 指导学生学习语篇知识

在这里，语篇知识主要指的是文本结构和文本特征。

（1）文本结构。

我们接触的阅读材料最粗略的分类是虚构类文本和非虚构类文本。这两类文本具有不同的文体结构，这种结构不是语法结构，而是一种意义结构，是指内在的逻辑意义上的联系；而且，不同的结构在传达讯息的功能上有不同的存在意义。虚构类文本包括个人故事、科幻故事、童话、剧本、小说、文学著作等，结构元素主要涉及人物、背景、冲突、主题、情节和结局，人物会有主角和配角，背景会有时间和地点，事件会有起因和解果，冲突还会涉及解决的方法。

非虚构类文本包括说明文、应用文，如日记、私人信件、简历、宣传册、图表、问卷、议论文、科普文章、辩论、学术报告、议事日程等。非虚构类文本往往有概念、主题和主要观点，当然也有一些非虚构类文本是以故事的形式呈现的。

基恩和齐默尔曼（Keene & Zimmermann，2002）在《思想之马赛克》（*Mosaic of Thought*）一书中提到了"非虚构类文本属于特征明显文本"，他们认为此种文本能够为阅读者提供足够的文本结构、信息和暗示，使得阅读者能够比较容易识别重点。当学生掌握这些文本的基本元素，他们就知道如何借助这些元素识别重点。

非虚构文本根据内容组织的逻辑方式通常分成五类：问题和解决方案（Problem—Solution）、比较或对比（Compare / Contrast）、事件起因和影响（Cause—Effect）、描述或清单（Description / List）、顺序或排列（Sequence / Order），下表列举了不同类型非虚构文本的写作目的、特征和标志词。

| 文本结构 | 文本目的 | 特征 | 标志词 |
|---|---|---|---|
| 问题和解决方案<br>Problem—Solution | 提出要解决的问题以及一个或者多个解决的方案 | 问题，一个或者多个答案 | · the main difficulty is<br>· one possible solution is<br>· one challenge<br>· therefore, this led to, so that<br>· if...then, thus |
| 比较或对比<br>Compare / Contrast | 描述两件事物是如何相似和不同 | 两件事物，具体的相同之处和不同之处 | · differ from<br>· similar to<br>· by contrast, in contrast, compared to<br>· unlike<br>· similarly<br>· yet, although, but, however, on the other hand<br>· either... or, not only... but also<br>· in the same way<br>· conversely<br>· have in common |
| 事件起因和影响<br>Cause — Effect | 描述为什么某事会发生或存在 | 原因和结果 | · so, therefore<br>· so that<br>· because of, because by<br>· as a result of<br>· since<br>· in order to<br>· consequently<br>· be due to, be the result of, be a consequence of<br>· the reason |
| 描述或清单<br>Description / List | 描述一个想法、人、地方或者一件事 | 聚焦某一事物和组成部分 | · is, are<br>· consist of, include<br>· also<br>· this, that<br>· in fact<br>· for instance, for example, such as<br>· most important |
| 顺序或排列<br>Sequence / Order | 按照事件的顺序或者做事的步骤描述 | 具有特定的顺序或者步骤 | · first, second, third<br>· then, before, now<br>· not long after<br>· while<br>· finally, eventually<br>· the next step, afterward, later<br>· at first, at last |

教师要通过提问和对话引导学生关注文本结构，提升体裁意识，如

"What is the purpose?" "Who would be the potential reader?" "How is the text organized?" "What are the text features in the text? How can they help you understand the text?" "Do you think it is a written persuasively essay? Why? " 等等。无论是文本结构知识还是文本特征知识，都具有"暗示"作用，暗示文本的重点是什么，暗示学生如何根据特定知识找到重点。

（2）文本特征。

菲尔德（Field，2007）认为，文本特征是指对印刷材料所作的改变，以提供与标准字体印刷不同的视觉特征，它除了字体字号的变化外，还包括照片、图片、工具条、线条、方框、说明、简表、颜色等表现形式。常见文本特征包括一般特征和独有特征。标题、段落形式分布、文本结构范式等为一般文本特征，插图、字体、图形、表格、颜色、说明、地图、目录、附录等属于独有文本特征，任何文本都是诸多一般特征和独有特征的独特组合。

无论是虚构类文本还是非虚构文本都会使用特殊的字型或者风格提醒阅读者哪些是重点的内容。也有些文本采取了独特的框架式表达方式，如按发生顺序、一问一答、起因和结果、问题和解决等方式，直观地体现文本内容的逻辑关系和意义。还有标志词的使用也能帮助学生识别重点，如 first、next、then、finally，等等。掌握文本结构和特征的另一好处是，学生能够在自己的写作中应用这些文本特征，服务于写作目的和任务。

但是，要说出所有的文本特征是困难的。文本特征具有创造性和发展性的特点，无论是编辑、艺术家、作者、图表设计者以及与文本相关的工作者都会根据需要找到新的文本呈现方式，从而使文本更动态，更吸引人，因此不断会有新的文本特征涌现。

菲尔德还认为文本特征主要有以下九大功能，即激活背景知识；概括主、次要点；综合信息；强调重点；列清单，组织信息；为重要观点提供视觉强化；用图片、表格等进行概念视觉化；提供补充信息；对主要观点进行摘要。文本特征总是与作者和创造者所要表达的信息是一致的。所以，提高学生对文本特征的意识，有助于其使用文本特征作为工具来加强理解。学生通过文本特征能够概括文本内容的主、次要点，综合文本信息，有效预测材料的内容，形成一定的图示和思路，从而迅速把握主旨要义，有效地处理阅读信息，提高阅读速度，提升阅读效果。以下文本特征表，介绍了一些文本特征的目的和功能。

| 文本特征 | 目的和功能 |
| --- | --- |
| 标题（Titles） | 帮助读者透视文本主题，预测文本内容，并唤起读者阅读兴趣。 |
| 副标题（Subheadings） | 帮助读者理解文本不同部分的主题，锁定想要寻找的信息。 |
| 字体的类型（Types of texts） | 帮助读者通过粗体、大写、斜体字等特殊字体找到关键信息。 |
| 照片或图片（Photographs/Pictures） | 帮助读者知道事件发生的地点，形象地了解所对应的文本内容。 |
| 地图（Maps） | 帮助读者知道事件在世界上发生的位置。 |
| 说明文字（Captions） | 帮助读者更好地理解图片或者照片。 |
| 对比图（Comparisons） | 帮助读者对比两件事物。 |
| 特写镜头（Close-ups） | 帮助读者更清晰地了解细节。 |
| 目录（Tables of contents） | 帮助读者了解书里的主要内容。 |
| 索引（Indexes） | 帮助读者按照字母找到在书中出现的主题、概念和专用名词等。 |
| 词汇表（Glossaries） | 帮助读者了解文本中出现的单词的意义。 |
| 表格（Tables） | 帮助读者更直观地了解事物特征或者信息。 |

上海版《牛津英语》九年级上 Unit 7 的阅读材料"Comic strips"讲的是如何创作和制作动漫，第一部分介绍如何创作动漫的脚本，第二部分是围绕一个故事的几幅动漫图。以下是教师利用文本特征进行教学的片段：

T: What does the passage mainly tell us?

S: Comic strips.

T: Comic strips? I want to know more. You can look through the subtitles.

Maybe you will get the answer.

S: Oh! The passage mainly tells us how to create a comic strip and draw the strip.

T: Why?

S: The text is broken up into two parts with subtitles.The subtitles tell me !

T: Yes. Subtitles will tell us what that part is about. What kind of reading materials is the second part of the text?

S: The comic strips.

T: Yes, What clues or text features do you notice in this part that might help you besides pictures?

S: There are bubbles, frames, borders, texts, scenery and so on.

T: Good! We should notice them and make them sense if we want to understand the comic strips.

此教学活动中，教师引导学生关注副标题、边框、图片、场景、想法泡泡和话语泡泡等文本特征，使得学生抓住了动漫创作的关键步骤以及动漫的核心特征，并通过这些核心文本特征理解动漫故事。

### 4.引导学生在读后概括文本中心思想

识别重点的策略可以用在阅读的不同层面，微观层面可以是句子、段落，甚至图片。在句子层面，重点是生词的推理和学习；在段落层面，重点是了解段落结构和关键句，如中心句表达的是中心思想，结尾之处则表达的是结论；在图片层面，学生应该仔细浏览图片细节，看看图片提供了何种信息与文本呼应。

对文本进行概括是读后阶段识别重点策略的应用，也是对阅读过程中该策略应用的检验，更是此策略最重要的应用和体现。教师要经常提醒学生在读完一段文章或者整个文本后有意识地停下来，概括主要讲了什么，从而培养学生应用识别重点策略的意识和能力。概括还能起到评价学生阅读效果、检验是否理解的作用。概括质量的高低通常与重点内容和信息确认的效果有关。

"What's the main idea of the passage?"是阅读课堂和英语测试中常见的问题。要回答这个问题，其实就是概括文本的中心思想，学生需要审视文本的整体内容，区分重要和非重要观点，然后综合这些观点，提炼出文本的主要内容，这是较难且层次较高的认知活动。我们可以3W的模式帮助学生提炼中心思想。第一个"W"是"what"，代表主题是什么。第二个是"What about it"，阐述主题是关于什么内容的，第三个"W"是目的（Why），是作者的写作目的，想要告诉读者什么。

主题（What）通常是简短的一个词或者句子，一般来说是抽象的概念或者上位的事物，主要讲文本是关于什么的，如动物、火山、地震、自然、虚拟现实等。

教师可以采用两个办法提高学生把握主题的能力。一个办法是引导学生关注二类词汇，即在文本中多次出现的词汇，能概括文章主旨、解释文章中心、展示文章脉络、标示句段关系的关键词汇，这些词汇是文本主题的载体。还有一个办法是组织"成为作品发布会上的作者"活动，让学生像作者一样在自己作品的发布会上接受大家的提问，问题是"你的作品是关于什么的？"。

许多具有一定阅读经验的学生，在看到标题后不必花很多时间浏览文章，或者没有真正深入阅读，就能猜出文章的主题。但是仅仅如此的话，学生未必会得到正确的答案。在前面的"Comic strips"材料阅读中，如果学生仅仅浏览标题是无法得知文本真正的主题的，而是要看副标题、其他文本特征和主要内容，才会得到正确答案。

阐述（What about it）是对主题的进一步说明，具体说明主题是关于什么的。教师可以引导学生问以下问题：文本关于这个主题说了什么？文本写的关于这个主题的重要内容是什么？

目的（Why）通常包括作者的写作目的、教师的教学目的和学生的阅读目的。教师在引导学生关注作者的写作意图和教学目的之外，还要培养他们确立自己的阅读目的，经常问自己"我能从阅读中获得什么？""我阅读这个文本是为了获得什么信息？"。培养目的意识有助于激发学生的阅读动机，使得学生阅读的方向很明确，从而聚焦主要内容，更好地理解文本。

以下是一个如何将3W组合起来，成为文本主旨的案例。所用的材料是英国《Daily Mail》2015年的一则报道，题目为"Did China discover America? Ancient Chinese script carved into rocks may prove Asians lived in New World 3,300 years ago"，我们来看看如何通过主题、阐述和目的，概括主旨大意。

**Topic:** The discovery of North America by the Chinese.

**What is said about the topic:** Ancient Chinese script shows the arrival of the Chinese people on the west coast of North America 70 years before Columbus's first voyage.

**Purpose:** To challenge people to consider evidence of early Chinese contact with Native Americans and to show how history is up for continual debate.

**Main Idea:** Based on evidence from accurate Chinese maps and documents, the Chinese may actually have landed on North American soil before Columbus did. This should cause us to rethink our traditional accounts of history and even question how history is written.

此材料的主题是"美洲是被中国人发现的"，阐述是"美洲出土的古代中国甲骨文表明中国人早于哥伦布登上了新大陆"，目的是"鼓励人们认真分析早期中国人接触美洲的证据，告诉人们历史总是在争议之中"。当我们将这三者整合起来，就可以得出中心思想：基于中国地图和文件这些精确的证据，中国人也许早于哥伦布之前登陆了北美。这会引发我们重新思考和评估原来的历史文献，甚至质疑历史是如何被书写的。

5. 教学生做笔记

做笔记是一种简单且实用的方法，能够帮助学生提高信息识别、筛选和跟踪的意识和能力。这并不是阅读过程中处理信息和文字的理解策略，而是引导学生关注重点、促进理解的外在方法或行为。做笔记是根据需要，将重点的内容可视化地呈现出来，有助于学生辨识信息，把握重点并巩固、留存知识。做笔记还能起到提高学生阅读注意力，培养良好阅读习惯的作用。

康内尔笔记法（5R）是一套比较系统和科学的笔记法。5R 是记录（Record）、简化（Reduce）、背诵（Recite）、思考（Reflect）、复习（Review）。教师可以将此法引入阅读教学。我们也可以采用另一种方法：将笔记分成文本内容重点及文本内容延伸两个部分。前者引导学生运用多元的图形组织（如图像、符号、表格或思维导图）呈现文本内容重点；后者针对文本提出相关问题，引导学生对重点内容分析和思考。这些问题驱动学生解决阅读中的问题，往深处阅读。这种方法帮助学生宏观、整体性地处理文本信息，并融入自己的已有知识、思考和困惑，使得笔记成为结构化的、体现文本重点内容和学生个人思考相结合的文本概要。

## 教学中的语言支架和工具支架

1. 语言支架

（1）虚构类文本。

> Are there some parts of the story that are more important than others? Which ones?
>
> What words in this text are the most important?
>
> Why do you think they are important?
>
> What was your purpose for reading the text? How did the purpose help you figure out what was the most important?

What has the author done to signal what is important to remember?

How can you tell that the author thinks... is really important?

Notice what a character does or says or thinks to provide clues to what is important to him or her.

Notice the actions, motives, and feelings of a character.

Notice when the setting changes in the story...

Notice details that contribute to the problem or to the solution of the problem.

Notice the clues that the author provides to let you know what is going to happen next.

Notice how the author builds suspense.

Notice the plot structure.

What has happened so far?

（2）非虚构类文本。

Are there some parts of the text that are more important than others? Which ones?

Why do you think they are important?

What was your purpose for reading the text? How did the purpose help you figure out what was the most important?

Are you noticing all of the important clues to meaning ( lists, definitions, people's names, special events, dates, places)?

Are you noticing the important clue words that help you answer my questions?

Are you noticing when you don't get the meaning?

What clues do you notice in the way this text is written help you?

Note the text features: titles, bold headings, pictures with captions, quotations, timelines, graphs and maps give valuable information about what's important.

**2. 工具支架**

（1）"中心思想—概括—细节"表。

| Main Idea–Summary–Details | | | |
|---|---|---|---|
| Title: | | Topic: | |
| Paragraph | Details | Summary | Main idea |
| Paragraph _____ | | | |
| Paragraph _____ | | | |
| Paragraph _____ | | | |
| Paragraph _____ | | | |
| Paragraph _____ | | | |
| Main Idea: | | | |

使用说明：此工具由四部分组成，用于帮助学生对文本进行概括。学生先阅读第一段，在第一列写出具体细节，包括关键词、例子等等，接着在第二列写上大致的总结，之后在第三列里写出中心思想。在完成第一段任务后，学生继续阅读第二段，以此类推，一直到结束。此过程是文本信息不断完善、补充、聚焦和调整的过程。最后学生根据每段的中心思想概括形成整个文本的中心思想。

（2）故事结构表1。

| Story Graphic（1） ||
|---|---|
| Title: | Topic: |
| Main Characters: | Setting（Time）: |
| Minor characters: | Setting（Place）: |
| Plot outline ||
| Problem:　　　　　Events:　　　　　Solution: ||
| Theme: ||

使用说明：此工具是故事类文本的思维导图或者可视化工具之一。思维导图或者可视化工具是英语阅读课堂常用的工具，能帮助学生梳理或者总结文本内容，目前已形成了丰富多样的种类。此工具以表格的形式出现，主要罗列了人物、问题、事件和解决的办法，包含了虚构类或者故事类文本的基本元素。学生根据此工具框架将人物、问题、事件和解决的办法整理出来，能把握住文本最重要的信息，从而达到理解文本的目的。

(3) 故事结构表 2。

| Story Graphic（2） ||
|---|---|
| Title： | Topic： |
| Main Characters： | Setting（Time）： |
| Minor characters： | Setting（place）： |
| Plot outline ||

| Beginning： | Middle： | End： |
|---|---|---|
|  |  |  |

| Theme： |
|---|
|  |

使用说明：此工具可用于虚构类或故事类的文本，但是此表适合于故事情节按照开始、中间和结尾这一流程组织的文本。学生阅读后可以在第一列写上故事的缘由，在第二列写上故事是如何发展的，在第三列写出故事的结局。学生在完成三个部分的内容后，基本上呈现了故事的主要脉络，能够反映出阅读后理解的程度。

（4）问题和解决方案的文本结构图1。

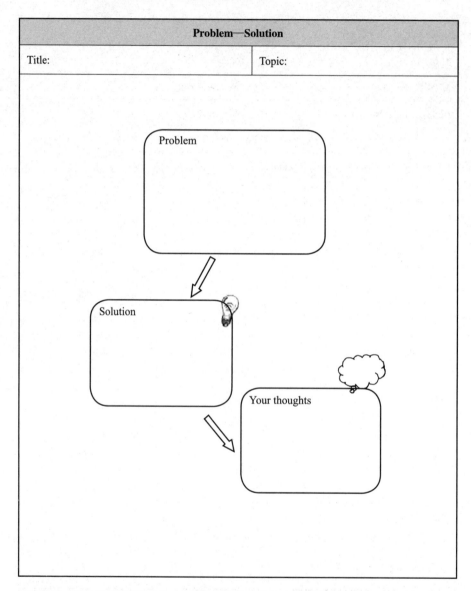

使用说明：此工具可以用于结构为问题和解决方案的文本的阅读教学。在此类文本中，作者先提出一个问题，然后再告诉读者这个问题是如何解决的。问题的解决方法也许是一个，也有多个。广告是具有此文本特征的典型材料，广告中的产品常常能帮助人们解决某种需要或者问题。

（5）事件起因和影响的文本结构图。

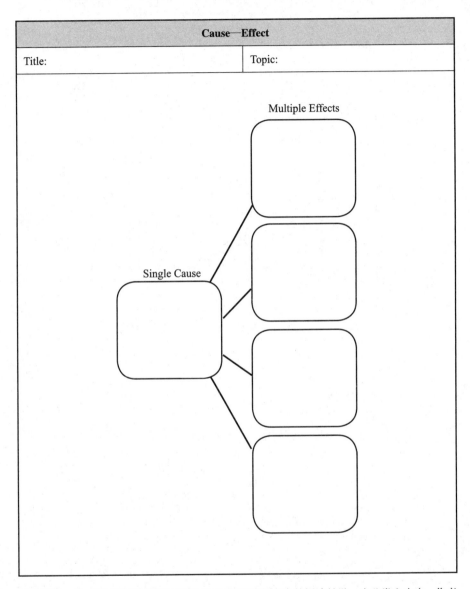

使用说明：此工具可以用于结构为事件起因和影响的文本的阅读教学。在此类文本中，作者先描述一起事件的起因，然后告诉读者事件导致的影响或者结果。有些作者也会先描写影响或结果，然后再描写事件的起因。起因、影响或结果都会有多个，平时我们在报纸上看到的新闻通常具有这种特点，例如，某地发生了一次地震，作者一般会介绍地震发生的原因或等级，然后再告诉读者地震造成的影响或者损失，如人员伤亡、财产损失、交通变化、经济和旅游影响等等。

（6）比较或对比的文本结构图。

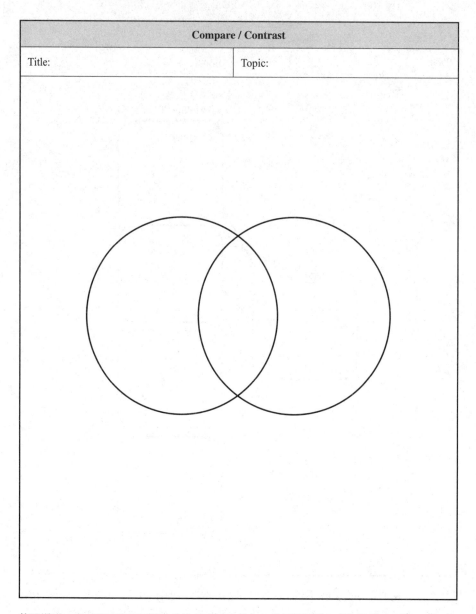

使用说明：此工具可以用于结构为比较或对比的文本的阅读教学，是常见的韦恩图。在此类文本中，作者先提出两个比较和对比的事物，然后告诉读者哪些方面是相同的，哪些方面是不同的。我们经常可以在阅读材料中看到比较类的文本，如比较两个城市、人物、景点、商品、故事，等等。

（7）描述或清单的文本结构图。

使用说明：此工具可以用于结构为描述或清单的文本的阅读教学。在此类文本中，作者会罗列出关于某个主题的相关信息。这些信息通常是作者认为重要的或者是有趣的。旅游指南属于此类文本的典型材料，会将一个地方最吸人的景点、特产或者特色展示出来。

（8）顺序或排列的文本结构图。

| Order / Sequence ||
|---|---|
| Title: | Topic: |

使用说明：此工具可以用于结构为顺序或排列的文本的阅读教学。在此类文本中，作者按照事件特定的发生顺序或者时间先后顺序组织文本。常见的文本材料是菜谱、电器的操作说明以及历史故事。

（9）"3W"总结表。

| 3W Summary |
|---|
| Title: |
| What topic is it: |
| What is said about the topic: |
| Why is the text written: |
| Summary: |

使用说明：此工具围绕3W展开设计，第一个"W"是"What topic is it?"，代表主题是什么；其次是"What about it?"，是阐述关于主题的内容；最后一个"W"是目的（Why is the text written？），此目的是作者的写作目的，想要告诉读者什么，或者要解决什么问题。学生可以在回答这三个问题的基础上，总结和提炼中心思想或者主旨大意。

# 应用训练

1. Practise on the reading purpose

  Direction: Purpose plays an important role in reading. Read each paragraph. Then decide if the author's purpose is to entertain, inform, or persuade. Do you know what these words mean? Entertain means for fun. Inform means to teach. Persuade means to change your opinion.

(1) The Woodland Indians were known for making pottery from clay. They decorated them with paints they made by grinding vegetables or minerals. They used a rabbit's tail for a brush. Then, they baked the pots in either a charcoal oven or over burning sticks of wood, so they wouldn't crack.
This paragraph is meant to _____ the reader.

(2) In social studies today, we read about the Woodland Indians. Our entire class made charms to protect themselves against diseases, enemies, and evil spirits, just like the Woodland Indians used to. As a class, we decided we didn't want to be sick or haunted, so we gathered many shells and animal teeth. Do you want me to make a charm for you, too?
This paragraph is meant to _____ the reader.

(3) One time an Indian bragged about being the "Master of Creation". The other Woodland Indian thought he was lying, so he challenged the Master of Creation to a strength test. His test was to make the Earth shake. The Master of Creation made a mountain move, and it accidentally hit the other Indian in the face! From that day on, the hurt Indian was known as "Old Broken Nose".
This paragraph is meant to _____ the reader.

材料来源：Reading Comprehension Skills and Strategies Level 3 by Saddleback Educational Publishing.（P.102）

2.Practise on the main idea.

　　Read each paragraph carefully. Circle the answer that best describes the main idea. The main idea is what all the sentences describe.

（1）Levi Strauss came to the United States in 1847 when he was 17 years old. Levi needed a job in America, so he worked for his brother selling clothes. He tried to sell canvas to miners looking for gold in California. Since the miners needed sturdy work pants, Levi made work pants from denim cloth. Levi's idea is still a famous business today, more than 150 years later.

a. Levi came to America in 1847.

b. Levi worked in a mine.

c. Levi made blue denim pants.

d. Levi's idea is still around today.

（2）Canada is the second largest country in the world. It covers the northern part of North America. The Atlantic, Pacific, and Arctic Oceans surround Canada. Canada has more lakes than the rest of the world combined. The United States is the only country connected to Canada.

a. Canada is the second largest country.

b. Canada covers North America.

c. Canada has the most lakes.

d. Canada is north of the United States.

（3）During the Middle Ages, wealthy families lived in castles. A moat surrounded the castle walls to keep unwanted people out. It was filled with water and dangerous animals. A drawbridge, held by two heavy chains, was the only way a person could cross the moat. If the drawbridge was closed, there was no way to get in or out of the castle.

a. Two chains held a castle's drawbridge.

b. Moats kept unwanted people out of castles.

c. Moats were filled with water and animals.

d. Wealthy families owned castles during the Middle Ages.

材料来源：Reading Comprehension Skills and Strategies Level 3 by Saddleback Educational Publishing.（P.116）

# 调控和修复

一个人走在幽深的森林里，如果没有指南针或者路标，常会迷失方向。一个读者，也会在阅读中"迷路"：阅读会中断，理解会发生困难。此刻，读者要有阅读的"指南针"，保证其思想集中，不偏离阅读轨道，并产生理解。

——佚名

## 概念阐述

> 调控和修复（Using monitor and fix-up）是指读者监控自己的阅读过程，调控和管理自己的阅读行为。阅读时，当读者思想开小差，中断阅读或者理解发生困难时，会采取积极的补救性措施和自我校正的策略，确保自己一直思想集中，并理解文本。

## 调控和修复策略的作用

PISA 测试提出了阅读过程中任务管理的概念。任务管理是指阅读者能够准确理解特定阅读情景的需求，并能建立与任务相关的阅读目标，同时在整个活动中监控阅读目标的进展，包括目标和策略的设置、阅读者的自我监控和调节。具有良好阅读素养的读者不仅能流利、快速地阅读，还能有效管理、监控和规范自己的阅读行为，始终保证阅读发生，保证理解发生。在阅读过程中，学生会遇到理解中断或者困难的情况，如果此时学生采取调控和修复策略，如重新回过头去阅读、继续读、理解生词等，就能保证理解会继续发生。

此策略由调控和修复两个部分组成，调控要求学生时刻监控阅读的过程，监控阅读理解是否发生困难或者偏差；修复要求学生能够采取各种方法、策略和补救措施，使得阅读行为回归到正常的轨道，产生积极的理解。基恩和齐默尔曼（Keene & Zimmermann, 2007）认为，阅读调控和修复本身也是一种分析和判断行为，学生通过这个策略一直在分析和判断阅读进展和效果，该策略会在整个阅读过程中发挥作用。调控和修复策略是相对比较高位和宏观的策略，不仅覆盖着阅读前后整个过程，而且调控着所有的阅读思维、策略和行为。

托范尼（Tovani, 2000）认为，一个掌握调控修复策略的读者在阅读时，如果理解发生中断，其大脑会发出六种信号：

- 读者大脑里的声音不再和文本发生互动交流。正常的话，读者大脑里有两种声音，一种只是简单地"复述"，还有一种是与文本对话，以回叙的方式和文字对话。这个声音有时认同文本内容，有时反对文本内容。这个声音一直在与文本对话和交流。当他只是听到第一种声音的话，会感到无聊或者困惑，也记不住看到的内容。
- 读者脑海里的"摄像机"关机了。优秀的阅读者总会在阅读时开启他们的"摄像机"，文字会在他的大脑中形成图像。当"摄像机"关机的时候，读者的大脑里不再想象，这就意味着理解已经中断。
- 读者的思想开始走神。想一些与阅读无关的事表明读者中断了阅读，更无法理解文字。优秀的读者在阅读过程中思想开小差时，会及时回来。
- 读者不能记起刚才读过的内容，优秀的读者经常会回顾所读的内容，如果什么也想不起来，那是警示信号，警示自己要重新读，修复理解。
- 读者自己提出的问题常常得不到解答。优秀的读者会质疑，提出理解性问题,帮助自己释疑。当这些问题无法得到解答,那也是警示信号,警示读者需要调动更多的背景知识,或者警示读者思想没有集中。

- 读者在阅读中再次遇到故事中的人或物,但是他无法记起。优秀的读者会追踪人物或事件的进展。当读者无法记起人物或事件的话,那说明理解中断了,读者有必要采取修复措施,确保理解继续。

前面几节介绍的阅读理解策略也可以用来检验和判断理解是否发生。当读者在阅读中不再发生多种联系时,就会丢失理解的线索,阅读也开始变得无聊。如果缺乏个人背景知识和先前经验,读者与文本的距离开始拉大,有时甚至无法跨越。当想象中断时,文本中的故事或信息不再呈现在大脑中,阅读难以触发读者大脑的思考,难以激起读者情感的共鸣,更无法带给读者深刻的体验,文本的理解也就流于表面化。

其他策略如自我提问、预测、推理,能够激发读者阅读的好奇心。当读者不再向文本或作者质疑,当他不再自己去找寻答案时,他肯定对阅读失去了兴趣,也失去了理解。一直在预测的读者总是会想方设法验证预测是否正确。如果他缺乏兴趣的话,他就不会再继续读下去,理解也无法产生。推理表明读者对文本理解的热情,当学生缺乏对推理的兴趣,理解也无从谈起。此外,在阅读中无法辨别重点的话,这也是一种理解发生偏差的信号。学生不能抓住重点,无法区分主要观点和细节,也不知道借助文本结构和特征来阅读的话,那就只是在盲目阅读。

## 使用调控和修复策略的教学建议

### 1. 激发学生调控和修复的意识

要让学生始终具有调控和修复的意识,阅读动机很重要。不少学生在阅读理解发生偏差或者困难时就放弃阅读,不愿意采取修复措施,原因是缺乏阅读的动机和兴趣。如果长期缺乏阅读动机的话,学生就不会成为负责任的阅读者，不会主动地调控和管理自己的阅读行为，更不会采取策略和行为去修复。

教师要做的是引导学生认识到阅读理解并不是简单的文字解码，也不是简单地完成几道阅读理解题目，而是与文本开展互动，建构意义。

教师还要激发学生的阅读动机和阅读兴趣，引导学生树立调控和修复的意识，提高调控和修复的能力，确保理解真正发生，如：

- 提供有趣的和相关的阅读文本。
- 设计有趣、多样的学习任务和活动，而不是仅仅完成阅读试题。
- 提供足够的教学铺垫和支架，如激发背景知识、布置预习任务、分享交流。
- 给学生足够的时间阅读文本，体验文本。
- 让学生有机会接触各种文本，而不仅仅是教材上的阅读材料。
- 学生有足够的机会能够练习调控和修复策略。
- 及时肯定学生在策略应用时的表现和成效，鼓励和激励学生，培养效能感。

### 2. 从学生阅读水平出发，指导学生掌握策略和方法

学生使用理解策略能力的高低通常与其英语阅读能力和水平相关，换句话说，学生的阅读能力和水平的高低，在一定程度上影响其使用理解策略的效果。还有，理解策略本身对不同年龄的学生会有不同的要求。调控修复策略也不例外。教师要根据学生阅读水平的高低和年龄的大小，指导他们掌握相应的调控和修复的方法。齐默尔曼和哈廷斯（Zimmermann & Hutins）的修复法可以帮助教师从学生的实际阅读水平出发，指导学生开展阅读调控和修复。以下是所有的修复策略和方法：

（1）回读。（Reread）

（2）继续向前读。（Read ahead）

（3）停下来思考。（Stop to think）

（4）尝试着在脑海中产生图像。(Try to get a mental image)

（5）提出新的问题。(Raise new questions)

（6）预测。(Make predictions)

（7）研究解释说明和其他文本特征。(Study the illustration and other text features)

（8）向他人求救。(Ask someone for help)

（9）想办法理解新单词（Figuring out unknown words）

（10）分析句子结构。(Look at the sentence structure)

（11）推理。(Make an inference)

（12）将阅读的内容与个人已有的背景知识联系起来。(Connect the reading to background knowledge)

（13）留意和阅读作者的注释。(Read the author's notes)

（14）写下感到困惑的地方并试着弄明白。(Write about confusing parts)

（15）努力思考深层次的意义。(Make an effort to think about the message)

（16）明确自己阅读的目的。(Define the purpose for why we're reading the text)

此16个方法适用于不同阅读水平的学生。前面8个方法一般适用于英语阅读水平较低或者低年级的学生，回读和继续向前读是最容易示范和实践的两个方法。停下来思考也是类似的方法，但是学生应该知道什么时候要回读，什么时候要向前读，什么时候要停下来思考，这涉及学生的调控意识。此时教师要捕捉时机，抓住学生出现阅读困难的时刻开展教学、示范和交流，如遇到生词、较难的概念，新人物出现，视角变化等。

本章前面提到的想象、提问质疑、预测三种策略能够在整个阅读过程中被使用，并发挥作用，因此这三种策略也适合英语阅读水平较低或者低年级的学生。教师要从低年级起教学生文体结构和文本特征知识，这些知识能够被用于所有的阶段或者阅读的整个过程。

对学生的英语水平和能力的要求会随着时间推移"水涨船高"，譬如，初中学生要有比较完整的语义知识，要对文本结构和文本特征有比较清晰的认识，要具有一定的推理能力等。教师要侧重于指导学生掌握与之水平相匹配的修复方法。如，指导学生通过分析句子结构和上下文来理解生词；再如，指导学生运用推理策略，学会从词汇、段落、篇章等不同层面推理。因而，此修复法的第9～12比较适合于英语水平中等的学生。

最后4个方法面向更高水平和年级的学生，对学生的分析和思辨能力提出了更高的要求。阅读作者注释的方法要求学生从写作者的角度和意图理解文本。教师让学生写出困惑或理解发生困难之处，目的在于引导学生确定问题产生的根源并将之显性化，这样的过程本身是思考的过程。此外，理解文本蕴含的意义，进行批判性的思考和分析是更高层面的理解，教师要引导学生结合自己的困惑、问题，从主题、意义、寓意等角度理解文本，达到意义建构的目的。

### 3. 指导学生从不同层面进行修复

当学生在阅读过程中理解中断或者遇到困难时，我们应该鼓励学生停下来，回过去重读，有时重读时的信息重组能够帮助学生理解。或者也可以继续读下去，有时文本会有新线索帮助学生理解。如果还不行，要引导学生分析哪里不明白，是单词？句子？概念？段落？或者是整篇材料？在确定问题之后，采取针对性的措施和方法。

（1）单词。

通常学生的阅读困难一开始在于单词。当学生无法理解某个生词时，不要纠结或长时间停留在生词上，而是要将句子看完，利用上下文猜测这个单词，或者找到一个意思相近的单词代替它；在此基础上，还要重读句子，确认猜测或者替代词是否正确。

学生也可以根据英语单词的构成规律，也就是词法，来辨析单词的意义,如前缀、后缀和词根。当学生用这些方法还是不能搞明白单词意思的话,那就要通过查字典找到生词的意思。教师始终要运用和平衡多种方法,在恰当的时机应用合适的方法,鼓励学生独立分析、猜测和理解单词意义,引导他们积累解决生词问题的经验,从而为理解文本打下基础。

(2)句子。

如果学生对句子理解有困难,那试着分析句子结构。句法是帮助学生分析句子的知识,通过分析句子结构,学生能够抓住句子的主干和主要内容,如主语和谓语。学生还可以阅读前后句子,看看句子间存在什么关系,是并列关系,还是从属关系,或是总结关系。英语句子中复合句较多,题干较长而且复杂,句法的知识对于学生理解句子非常重要。

(3)概念。

概念通常出现在非虚构文本中,如政治、科普、历史、地理等文本,而且,概念通常是这些文本的关键知识。如果学生对概念理解有困难,学习和理解效果会大打折扣。我们可以教学生用"高看一层"和"细看一处"的方法,帮助其理解概念。"高看一层"法是指超越概念,试着去总结和概括整个文本,而不是仅仅停留在概念的角度。总结和概括需要整体性的思维,要求学生通读整个文本,分析前后的逻辑关系,辨识重要的内容。"细看一处"法是分析关于此概念的例子。一般来说,概念比较抽象和深奥,但是例子比较直观和形象。分析例子有助于学生对概念的理解。

(4)段落。

如果学生对段落理解有困难,那就分析段落结构。段落是由一组围绕并发展段落主题、意义密切相关联的句子所组成的整体,通常要表达一个完整的主题。主题句通常是表达段落主题的句子,用来概括段落大意,或者表明作者的观点态度,或指出作者的写作意图,或反映一段文章的中心思想,是段落的核心。

拓展句是段落主题句的延伸和发展,起着辅助主题句、扩展段落中心的作用，通常是围绕主题句进行举例说明、详细解释和论证。拓展句一般由几个或多个意思连贯的一组句子组成。结尾句就是总结段落的句子，它用一个句子或者若干句子进行归纳总结，对段落中心思想做出精炼的概括。结尾句通常和段落主题句相呼应，或者说是主题句的再现，并与扩展句相关联（曾冬兰，2014）。学会分析段落结构，理解主题句、拓展句和结尾句三者的关系会有助于学生理解段落的大意或者作者观点。

（5）语篇。

提炼文本主旨或中心思想是阅读活动的主要任务。如果学生阅读后无法提炼主旨或者中心思想的话，试着在文本中找到重点和变化。文本中的重要内容通常是为主旨和中心思想服务的，与作者想要表达的观点有密切的关系。还有个视角是变化，变化通常表明新信息或观点的出现，常常是为主旨和中心思想的形成作铺垫。

4. 应用修复策略的原则

应用修复策略建议坚持以下三个原则：

（1）显现化原则：鼓励学生将阅读困难和障碍讲出来，这样教师的指导会更有针对性。

（2）梯度性原则：教师在指导学生实际应用时要考虑学生的实际情况。一般来说，运用此修复法越到后面的几个方法，对学生阅读能力和水平的要求越高，对其余核心策略使用水平的要求也越高。

（3）综合性原则：阅读是一项复杂、高级的心智活动，阅读困难发生的原因也是错综复杂的。教师要引导学生意识到，仅仅依靠一种策略或者方法是无法修复阅读偏差或者解决问题的。所以，当阅读理解出现问题时，学生不能只靠某一个策略和方法，而是应该根据实际情况将多种方法灵活应用，从而修复阅读中断或者偏差。

## 教学中的语言支架和工具支架

### 1. 语言支架

You've come to a word you don't know. What have you tried so far to figure out?

Where did the story stop making sense for you? What did you do to make sense?

Are you confused by what's going on?

What do you understand now that you didn't understand before?

How will you decide where to stop as you read to check your understanding?

What signs tell you that you have lost the meaning of the text?

How can you tell when your thinking is back with the meaning of the text?

Is this making sense?

Are you getting it?

Can you understand what this is about?

How do you know when you are confused?

What do you do when you are confused?

Does that make sense?

Why did she do that?

Why did he say that?

How does this connect with the first part of the story?

How does this information fit with what I already know about this topic?

## 2. 工具支架

（1）问题-解决方案表。

| Confusion-- Solution Stems ||
|---|---|
| Title: | Topic: |
| The part I can't get | Thinking Stems |
|  |  |
|  |  |
|  |  |
|  |  |
|  |  |
|  |  |
|  |  |

Notes: You can use the following stems or the starter:
This reminds me of....
I wonder...
I infer...
This is important because...
I am confused because...
I can picture in my mind that...
I think this means.....

使用说明：此工具主要用于帮助学生解决阅读中断或者理解困难。学生可以在左边写上阅读过程中不清楚或者不理解的地方，然后在对应的右边一列写出解决问题的思路。工具下方提供了帮助学生解决问题的语言支架，这些语言支架也是思维、策略和方法支架，提示学生应该采取哪种策略和方法。

（2）阅读理解困难修复表。

| **Using fix-up** ||
|---|---|
| Title: | Topic: |

Here is something I read that confused me:
_____
_____
_____

The strategy or strategies that I used to help me fix up the comprehension:

  Rereading  Connecting  Predicting  Visualizing  Questioning

  Inferring  Synthesizing  Finding the important clues

Some other strategies:
_____
_____
_____
_____

Here is how I used this strategy to help me:
_____
_____
_____
_____
_____

使用说明：此工具用于帮助学生在阅读理解发生困难时解决问题。学生先写出在阅读过程中无法理解的部分，然后在策略栏中选择要用的策略，或者另外写出需要的阅读策略。最后写出所使用的策略是如何帮助自己扫除理解障碍的。

（3）修复策略使用自我评估表1。

| Fix-up self-monitoring（1） | | |
|---|---|---|
| Title: | Name: | |
| Options | Option used | Option not used |
| 1.Reread. | | |
| 2.Read ahead. | | |
| 3.Stop to think. | | |
| 4.Try to get a mental image. | | |
| 5.Raise new questions. | | |
| 6.Make predictions. | | |
| 7.Study the illustration and other text features. | | |
| 8.Ask someone for help. | | |
| 9.Figure out unknown words. | | |
| 10.Look at the sentence structure. | | |
| 11.Make an inference. | | |
| 12.Connect the reading to background knowledge. | | |
| 13.Read the author's notes. | | |
| 14.Write about confusing parts. | | |
| 15.Make an effort to think about the message. | | |
| 16.Define the purpose for why we're reading the text. | | |

使用说明：此工具由齐默尔曼和哈廷斯设计，有改编。左边列出了学生可以在阅读中断、理解发生困难时采取的16种修复方法或策略。这些方法和策略主要根据前面几节中介绍的核心理解策略而设计。学生在阅读后进行自我评估，看看使用了哪些修复方法和策略。此工具也可以帮助教师评估学生调控和修复策略使用的情况。

（4）修复策略使用自我评估表2。

| Fix-up self monitoring（2） | | | |
|---|---|---|---|
| Title： | Name： | | |
| Item | Scale | | |
| | Always 3 | Sometimes 2 | Never 1 |
| 1. I read quickly through the text to get the general idea before I read the story closely. | | | |
| 2. When I come to a part of the text that is hard to read, I slow my reading down. | | | |
| 3. I am able to tell the difference between important story parts and less important details. | | | |
| 4. When I read, I stop once in a while to go over in my head what I have been reading to see if it is making sense. | | | |
| 5. I adjust the speed of my reading by deciding how difficult the story is to read. | | | |
| 6. I stop once in a while and ask myself questions about the text to see how well I understand what I am reading. | | | |
| 7. After reading the text, I sit and think about it for a while to check my memory of the story parts and the order of the story parts. | | | |
| 8. When I get lost while reading, I go back to the place in the text where I first had trouble and reread. | | | |
| 9. When I find I do not understand something when reading, I read it again and try to figure it out. | | | |
| 10. When reading, I check how well I understand the meaning of the text by asking myself whether the ideas fit with the other information in the story. | | | |
| 11. I find it hard to pay attention when I read. | | | |
| 12. To help me remember what I read, I sometimes draw a map or outline the text. | | | |
| 13. To help me understand what I have read in a text, I try to retell it in my own words. | | | |
| 14. I learn new words by trying to make a picture of the words in my mind. | | | |
| 15. When reading about something, I try to relate it to my own experiences. | | | |

使用说明：此工具主要用于学生对阅读调控和修复进行自我评估。左边列出了评估项目，主要用于修复理解困难或者偏差，右边是评估分值。学生阅读后，按三个等级可以进行评估。

## 应用训练

Direction: Read the interview and pause after reading each of the interviewer's questions. Think about the question as you read Sadie's answer. Answer the question after the passage.

### Sadie Caddock, Animator

Interviewer: What is the best part about your job as an animator?

Sadie Caddock: I love getting a chance to bring a character to life. If I can imagine it, I can make it happen on the screen. It's a great feeling.

Interviewer: What was your favorite project?

Sadie Caddock: My favorite project was a movie called *It's a Zoo Out There*. Unlike commercials and TV shows, a full-length movie lets you explore the characters and story. I worked with a fun team of animators to create more than thirty animal characters.

Interviewer: How long does it take you to finish a project?

Sadie Caddock: It depends. A short commercial might take me a week to finish my part of it. The movie took more than a year. It also depends on whether I'm drawing by hand or using a computer. Computers make the work go much faster. However, I sometimes find that drawing by hand is more creative.

材料来源：Daily reading comprehension Grade 5 by Evan-moor Educational Publishers.（P.13）

Did you understand all of Sadie Caddock's answers? Which answer would you like to know more about? Explain why.

_____

_____

# 形成观点

当文章的各种信息合在一起的时候，就形成某种新思维。把许多单个的符号放在一起，在它们的组合中会产生新的东西。当读者根据自己的认知结构来处理文章的各种信息的时候，如果能够发表恰当的评价、建议和批评，这些"新东西"的产生标志着读者完全地进入了理解的殿堂。

——汉森

## 概念阐述

> 形成观点（Synthesizing information）是指读者阅读后提炼出文本主要的观点和主旨，基于自己生活经验、阅读经验和价值观，进行分析、评价、价值判断，并最终提出自己的观点和主张，生成新的意义。通过此策略的应用，学生最终要形成属于自己的观点，这是阅读创造性、批判性价值的体现。也有人将之翻译为"综合判断。"

## 形成观点策略的作用

面对繁多的信息，我们不仅要学会鉴别和处理，还要从信息中产生观点。这是英语阅读教学的重要任务。我们要在阅读课堂中教会学生分析、综合、评价文本，进行批判性思考，并产生观点。

如何理解形成观点策略的本质特点？我们举个氢氧化学反应的例子：

把氧气和氢气放在一起，然后点燃，会发生反应生成水。两种物质经过一定的作用生成了新的物质。形成观点策略与这个实验很类似。学生阅读一篇文章或者一本书后提炼重点内容和主旨，然后将它们与自己的生活经验、阅读经验和价值观整合起来，形成属于个人的、独特的新观点。这个过程就是应用形成观点策略的过程。

　　有时我们会将概括和形成观点混合起来，本章第六节中曾经分析过概括的特点。概括的任务是将文本里的主要事实阐述清楚，很少掺入个人的观点。形成观点是在概括的基础上发生的，强调学生在提炼重要内容和主旨的过程中，要分析和过滤信息，并将自己的观点融入到结论之中。生成观点还常常与多种文本、图式知识和以往的阅读经验有关。学生要能联系、整合、遴选和比较多种知识和信息。在此过程中，学生可能会发现在不同文本之间获取的信息与个人已有的认知之间，存在相同之处，也有可能会有冲突。这时，学生要进行分析、评价和判断，最后形成自己的观点。

　　形成观点与推理也有所不同，推理是根据线索对某一个词汇、故事发展的脉络、作者隐含的意义进行合乎情理的推测，得出的结论更多地还是属于"文本"，而不是"读者"。形成观点是读者对整个文本的分析、评价和判断，得出的结论更多地属于"自己"。形成观点策略与概述也不同，概述是指用简洁的语言概括原文的主题，不加主观的评论和解释。形成观点要整合多元的信息来源和知识，生成属于个人的观点。这个过程是读者思想发生变化的过程，是理解和意义生成的过程。

　　黛比（Debbie，2013）形象地对此策略进行了解释：一开始，书里的内容好像只是一件事物，但是当我们继续深入下去，仔细阅读，"这件事物"变得越来越大，而且在某种程度上会发生变化。她还说，形成观点策略的应用中，读者应该是这么说的："我过去认为……""我在文本中读到或者看到……""现在，我认为……"所以从黛比的描述中，读者一开始读到的是某事物，然后读者获取了新的信息，读者的想法发生了变化，某事物变成另一件事物，这就是读者在应用形成观点策略。

形成观点的理解策略是阅读理解策略中的最高层次，学生应用时必须考虑联系、想象、确定重点、推理等所有的策略；还要将多种文本和多种信息整合起来，形成完整的、符合逻辑的、个性化的观点。在阅读中形成观点是鉴别、比较、分析、判断和批判性思维等多种高阶思维综合作用的结果。阅读教学理论认为，阅读过程是一个主动的、有目的的、创造性的心理过程，形成观点是创造性的一种体现。

## 使用形成观点策略的教学建议

### 1. 将其他理解策略与形成观点策略整合起来

形成观点通常是在阅读后发生的，是阅读活动最终的任务，而且形成观点策略与其他阅读理解策略存在着内在的联系，很难单独使用。学生没有经过一系列的前期思维过程和铺垫，无法对文本形成观点。教师在训练此策略时，要将其他理解策略有机地融合进去，这样才能产生良好的效果。比如，学生在应用形成观点的策略时，不能仅仅依赖在读的文本，还要联系多种文本，联系自我的经历，联系世界上正在发生的事，才能分析和比较，才能批判性地形成自己的观点。此刻，联系策略就会发挥作用和价值，因为联系策略要求学生将个人与文本、文本与文本、文本与世界联系起来。

阅读过程是滚雪球的过程。学生在阅读过程中获取的每一点启发和收获都会对最后的结论与判断产生影响。其实这像玩拼图游戏，把数百张小的、单独的图片慢慢拼凑起来，最后形成一张完整的图片。学生在使用形成观点策略的时候，要将他们大脑中积累的许多信息慢慢整合起来，形成信息"拼盘"，还要将已有的背景知识与新的知识融合起来，理解新的观点，形成新的想法。

教师在设计形成观点的教学活动和任务时，要充分考虑文本的特征，考虑之前重点使用了哪些策略，考虑学生已经获取的信息和知识，这样能使得教学活动和任务更有针对性。与教授其他策略一样，教师要给学生创造和提供机会，展示观点是如何发展的，引导学生将思维外显化。学生通过分享、写作、画画和其他形式与老师和同学互动，观点碰撞，激发思维，形成观点。

2. 在课堂上常用的两种方法

在此介绍两种简单可行的训练方法。第一种方法是"Information +Response= Synthesis"，也就是文本内容加上个人回应形成个人观点。文本内容是指学生在阅读中得到的重要信息。个人回应是指学生利用已有的知识、经验，对新信息的特点、性质、意义的判断和确认。例如，当学生阅读到"The cats are better pets than dogs"的文本时，有些学生不会使用形成观点的策略，对文本表达的内容和观点无动于衷，缺少共鸣。但是，善于使用形成观点策略的学生，他马上会根据自己的生活经验和喜好，说"I agree the opinion from the author"或者"I'm afraid I don't agree with the author"，这是一种判断和确认，也是一种观点的表达。此种方法通常适合于低年级的学生。教师可以通过"你认为呢？""你的想法是什么？""你的观点呢？"等问题激发学生的反应，逐渐形成观点。

第二种方法是"Information +Interpretation= Synthesis"，也就是文本内容加上个人理解形成个人观点。文本内容是指学生在阅读中得到的重要信息，个人理解是指学生结合自己的经验和价值观，理解、解释文本内容，再加以分析、判断和评价。同样是"The cats are better pets than dogs"的案例，学生不仅要判断作者的观点是否正确，还要提出支持观点的证据，引用文本外的信息，对比和分析两种观点等等。这种方法通常适用于高年级学生。

在第二种方法中，教师提出的问题通常指向更高层次的思维，如，阅读此文后，你想到了以前的什么文章？两者之间的差别在哪里？文章主题是什么？所要表达的意义是什么？作者的观点是什么？这个故事对你来说具有何种意义和启发？文章是如何影响你的人生观和价值观的？你知道还有其他类似的文章吗？对于这个文章，你还有什么新的问题要提出吗？你学习到了什么？打算如何与他人分享？你对文章所讲到的话题持何种观点？等等。学生通过回答这些问题，表达了对于文本独特的理解，这就是观点形成的过程。

3. 开展主题阅读

如今阅读教学有种"支离破碎式"的倾向，比如缺乏对文本整体性的研读、分析和关注，课堂上通常是支离破碎式的分析，教师被生词、语法捆住了手脚，学生陷入读单词、做题目、对答案的"伪阅读"怪圈；再比如，课堂上的阅读材料主要以教材为主，与生活脱离联系，教学缺乏对文本主题和意义的拓展、延伸、升华，学生对主题和意义的认识不深。要解决这些问题，主题阅读是比较好的办法。当教完某一篇文章后，教师可以设计主题阅读活动，开展同一主题下的延伸阅读。阅读材料既可以是相同体裁的，也可以是不同体裁的。材料的选择权可以是教师的，也可以是学生的。

通过主题阅读，学生对文本的主题和意义会有更深的认识。阿尔德（Alder）和范伦托（Vanlentor）将主题阅读称之为最高层次的阅读，"读者阅读的最终目的不是为提出的问题提供答案，而是追求回答的过程中那种辩证的、客观的特质，这才是主题阅读的最终奥义"。

在主题阅读下，教师要将比较阅读教学作为课堂教学的主要方法，可以设计多种比较视角，如比较人物的性格和行为、故事情节和表达方式、寓意、主题和信息；比较同一个作者的不同作品中的主题、写作方法、观点；比较两个作者对于同一主题的价值观；比较相同故事的不同版本，等等。比较是人类的高级思维，通过观察、分析，找出研究对象的相同点和不同点，是认识事物的一种基本方法。学生对不同文本的分析和比较，其实是研究主题和意义的过程，是形成个人观点的过程。

《高中英语课标》强调把对主题意义的探究视为教与学的核心任务，并确定了32个主题。教师要开展以主题意义为引领的阅读教学，推动学生对主题的深度学习，帮助他们建构新概念。学生通过不同文本的阅读和比较，提高鉴别和评判能力，培养逻辑思维和批判性思维，建构多元文化视角，建构和完善新的知识结构，形成有价值的观点，这就是形成观点策略的意义，也是阅读创造性价值的体现。

## 教学中的语言支架和工具支架

1. 语言支架

（1）虚构类文本。

    How has this author changed opinion?
    What's your opinion? Why?
    The author implies that...
    The tone of this article is...
    Figure out how a particular character changed from the beginning to the end of the story.
    Figure out whether you would have behaved in the same way as a particular character behaved in the story. What might you have done differently?
    Figure out how the setting was important to what happened in the story.
    Figure out what the author wants me to learn from the story.
    Figure out how all the story parts-characters, setting, and events come together in the end to solve the problem.
    Figure out which clues were the most useful in understanding this story.
    Figure out what might happen next if this story were to be continued.
    Think of all the parts and put them together. If you were to tell another person about the story and you could only use a few sentences, what would you say?
    Figure out whether a particular character shaped the events in the story

or whether the events shaped the character.

If you were explaining the story to a younger child, how would you explain it?

Did this reading change or confirm what you thought about...

What would you say instead?

How could the author have said things more clearly?

As you read through this passage, show me where you noticed your ideas changing.

What do you want to take away with you after reading the text and why?

What do you think of the author's messages and why?

During reading the passage how has your thinking changed about the plot, character, theme?

（2）非虚构类文本。

The author suggests that...If you want to really impress somebody about how much you know about this topic now, what would you say?

What are some of the "big words" you would use?

How would you rate your understanding of this reading? (high, middle, low)

How do all the clues fit together to help you understand this reading?

Why is this information important?

If you could remember a few things from the reading, what would you want to remember?

What would you say instead?

How could the author have said things more clearly?

As you read through this passage, show me where you noticed your ideas changing.

What do you want to take away with you after reading the text and why?

What do you think of the author's messages and why?

**2. 工具支架**

（1）虚构类文本的观点形成表。

| Synthesizing for Fiction ||
|---|---|
| Title： | Topic： |

This story takes place（Time and places）：_____
_____

The most important character is：_____
_____

Other characters are：_____
_____

The problem that gets this story going is：_____
_____

The plot that the story has:
First, _____

Second, _____

Third, _____

The problem is finally solved when _____

At the end of the story：_____
_____

From this story, I think the author wanted me to understand that：_____
_____

My opinion for the story is that：_____
_____

使用说明：此工具用于帮助学生在阅读虚构类文本时形成观点，学生阅读后整理出故事的元素，如背景、人物、情节和冲突等。在此基础上，学生写出作者的写作意图或者主旨。之后，学生结合自己的理解，进行分析、判断、综合，形成自己的观点。

(2) 非虚构类文本的观点形成表。

| Synthesizing for Non-Fiction ||
|---|---|
| Title: | Topic: |

The main idea of the text is that: _____
_____

One detail that is important is: _____
_____

A second detail that is important is: _____
_____

A third detail that is important is: _____
_____

When the characters try to solve this problem, here's what happens:_____
_____
_____

I think the author wrote about this topic because
_____
_____

My opinion for the story is that:
_____
_____
_____

使用说明：此工具用于帮助学生在阅读非虚构类文本时形成观点，包括文章的主题以及三个最重要的细节。工具还要求写出作者的写作意图。学生完成上述内容的梳理后，结合自己的理解，进行分析、判断、综合，形成自己的观点。

（3）重点词汇的观点形成表。

| **Important Words** ||
|---|---|
| Title: | Topic: |

Choose important words from the text. Write the words here:

_____  _____  _____  _____

_____  _____  _____  _____

Now write a brief summary of this text using all of these important words. Remember what needs to be included in a summary for the story and what needs to be included in a summary for the text:

_____

_____

_____

_____

From reading this text, I think the author wanted me to understand that:

_____

_____

_____

My opinion for the text is that:

_____

_____

_____

使用说明：此工具适用于虚构类文本和非虚构类文本。学生先写出若干个他认为有助于文本理解的重要词汇，然后再用这些词汇完成一份简明的概述。学生在写的时候要注意与文本结构相符合或一致。如果是虚构性文本，那就要有背景、人物、冲突、事件等基本元素；如果是非虚构性文本，那就要有主题和观点以及主要事实。之后，学生要写出作者的写作目的，最后，再结合自己的理解，进行分析、判断、综合，形成自己的观点。

（4）重点信息的观点形成表。

| **Important Information** ||
|---|---|
| Title: | Topic: |

1. I reread to better understand information about: _____
   _____

2. I made notes about the five Ws and the H:
   Who?
   What?
   Where?
   When?
   Why?
   How?

3. I found this new information the most interesting or surprising to me:
   _____
   _____

4. I learned that new information by reading:
   a. the title or the subtitle
   b. the print
   c. the pictures
   d. the captions
   e. a graphic such as a map, chart, graph, or photograph
   f. Other(Name it.)

5. What connections am I making? What do I think or feel about this information? What does this information mean to me?
   _____
   _____
   _____

使用说明：此工具是由莫雷伦（Moreillon）开发的。学生先写出阅读中的困惑，以及如何弄懂的过程。之后，学生写出关键内容，如人物、地点、事件、时间、原因。然后，写出所学的新知识中自己感到有趣的地方或者让自己惊讶的地方。学生还要写出有助于理解的文本特征，如图片、字体、大小写、图表等。最后学生写出阅读过程中理解策略的应用，如联系策略，学生要评价阅读后获取的新知识和观点以及进行分析、判断、综合，形成自己的观点。

（5）不同文本比较表。

| Different Texts Comparison | | | |
|---|---|---|---|
| Comparison kinds | Text A | Text B | Opinion |
| Title and author | | | |
| Setting | | | |
| Character | | | |
| Plot | | | |
| Theme | | | |
| Summary | | | |

使用说明：此工具可以用于多文本阅读后的比较分析，可以用于虚构类文本间的比较，也可以用于非虚构类文本间的比较，以及虚构类文本与非虚构类文本间的比较。此工具选择了标题、作者、人物、情节、主题等多种角度，让学生加以比较。在比较的基础上，学生可以对两种文本进行综合分析，得出自己的观点。

## 应用训练

Direction: Read the passage. Think about how the two science fair projects are alike and different. Answer the question after the passage.

**Two Volcanoes**

Lea thought there was a good chance that her volcano project would win first place at the science fair. She had covered a glass tube with a cone-shaped wire frame and plaster. Then she had painted it brown so the cone looked like a mountain. When it was her turn to present her project, she would put baking soda into the glass tube and add vinegar to it. The vinegar and acid would cause a chemical reaction, and the mixture would bubble up out of the top. She even added red food coloring to the vinegar to make the mixture look like hot lava. The handwritten note cards next to the model on the display explained how a volcano erupts.

Bernadette thought it was very likely that her volcano would win first place at the science fair. She had sculpted a mountain from brown clay and had shaped pieces of red, orange, and black clay to represent lava flowing down the sides. She had even formed small rocks and trees out of clay and used toothpicks to stick them to the mountain slopes. The detailed display featured several note cards with neatly hand-lettered titles and interesting facts about volcanoes.

On the day of the science fair, the girls saw each other's entries. Each girl admired the other's project. "I like your trees and rocks." Lea said to Bernadette. "Thanks," Bernadette replied. "I can't wait to see your volcano in action!" They wished each other good luck and waited for the judges to choose the best project.

材料来源：Daily reading comprehension Grade 5 by Evan-moor Educational Publishers.（P.43）

Describe a project that you did for school or for a competition. Explain how your experience was similar to or different from the characters' experiences.

_____
_____
_____

# 第四章
# 以阅读理解策略培养为目标的课堂教学设计和应用

# 阅读理解策略教学的模式

## 阅读理解的模式

目前研究者对于阅读理解发生的路径存在着三种不同的提法。一种叫作"自下而上"（Bottom up）的模式，一种叫"自上而下"（Top down）的模式，还有一种叫"互动"（Interactive）的模式。

"自下而上"的模式认为阅读材料是从字到词，再从词到句、段、篇，由小到大的语言单位组成的文字系统。读者的阅读过程是将一个个字母、单词、句子逐步进行处理，最后得出文章的意义，完成所有信息加工和处理的过程。在此观点下，教师按照"词—句—篇"的顺序和结构进行教学，教学的重点放在识别和学习课文中的词、句和语法等表层结构和意义特征上。此模式有助于学生掌握字、词、句和篇的基本功，但是忽视了对学生语篇整体性和深层次的理解以及分析、评析、综合等高阶思维的培养。

主张"自上而下"模式的人认为，读者对语言的认识是借助已有的知识和信息预测语言的意义，而不是精确地学习字、词、句和语篇。标题、封面、插图、某一词或某一句话等文本线索激活了读者头脑中相关的知识，读者根据这些知识对阅读内容做出预测和推理，并不断加以验证和确认，直至最后形成自己的观点。此模式的缺点是忽视了字、句、段和篇的信息加工和语言基本功的习得。尤其在英语为第二语言或外语的阅读教学中，此模式会影响学生对字、词、句等语言技能的学习，同时，在一定程度上也会影响阅读理解的生成和阅读能力的培养。

第三种模式是"互动"模式，主张此模式的人认为阅读是双向、主动的加工和处理信息的互动过程,而不是单向的、被动的接受信息的过程。在阅读过程中,读者要处理字、词、句和语篇等视觉信息,与此同时,读者通过激发背景知识、预测、推理等内在思维处理和理解视觉信息,赋予视觉信息积极的意义。如此,学生能够学习单词、句法、语法等语言技能,又能发展分析、评价、综合和判断等高级思维,并应用所学的知识解决问题。

在英语为第二语言或者外语的课堂中,相当多的人倾向第三种模式。学习字、词、句和语篇的知识是语言学习的基础,是阅读教学的任务之一。但是我们的阅读不能脱离理解、分析、判断和综合等高阶思维和综合能力的培养。在互动教学模式中,师生互换"教学领导者"角色,开展平等的对话和交流。教师引导学生运用预测、推理、提问和总结等阅读策略进行教学对话,共同实现对文本意义的建构。

不过,也有人提出阅读教学不能仅仅局限或固定在某一个模式,阅读目的的不同会导致不同的阅读理解模式。王蔷指出,"阅读教学的三个主要目标是:read for fun, read for information, read for language"。阅读教学要根据教学需要和阅读目的,灵活、有针对性地采取相应的教学模式。

## 阅读理解策略教学的形式

所谓策略教学,是指通过教学提高学生策略使用的意识,掌握和运用恰当的策略来完成学习任务,形成监控策略运用的能力。有研究发现,系统的阅读理解策略教学,不但能提升学生的阅读理解能力,对于学生自我监控后的认知、促进学生产生阅读兴趣、采用较佳的阅读方法均有正面的影响。阅读教学的任务之一是发展学生的思维。将英语阅读训练与思维训练结合起来的阅读理解策略教学,能够达到发展学生思维、培养阅读能力的目的。

美国教育科学委员会专家曾经做过研究,发布了一份关于如何促进学生阅读理解的报告。研究报告提出了五条阅读理解教学建议,第一条就是教学生如何使用阅读理解策略。阅读理解策略被界定为在阅读时改善阅读理解的内在的思维行为以及读者为了更好地理解和记忆文本所采取的积极努力。这些策略经过大量的单独或者组合的实验、验证，具有充分的科学依据。这些策略包括激发背景知识、预测、质疑、想象、调控、修复、推理、概括或者复述。教师应该教会学生所有的阅读理解策略，或者一个个地教，或者将几个融合在一起教。报告还建议教师应该向学生解释这些阅读理解策略是如何帮助他们理解的，提供给学生足够的机会去应用它，培养学生独立应用的能力。

报告中提到的其他四条教学建议是：教会学生辨析文本组织结构以促进理解；引导学生对文本的意义进行高质量的讨论；有针对性地选择文本支持阅读理解教学；建立促进学生积极投入阅读的环境，使学生体会阅读的重要性、目的和益处。这些建议与第一条建议有着密切的关系。

我们应该达成这样的共识：阅读理解策略教学应成为阅读教学的组成部分，而且比较适合"互动"模式。阅读理解策略属于非直观知识，而非直观知识是依托直观知识①才能发挥作用的。读者在获取字、词、句和语篇信息后，结合自己的背景知识，应用预测、评析、综合和判断等策略，产生理解，生成意义。阅读理解策略教学以阅读理解策略的掌握为教学目的，但是要利用相应的语言知识、技能和能力等。学生在识别直观知识之后，要立刻用非直观知识加以处理和理解，是一种直观知识和非直观知识互动和影响的过程。

阅读理解策略教学由于课堂结构、环节和目标设置的不同，也存在不同的形式。科特拉尔（Cotterall）和雷德斯（Reidners）总结了三种阅读理解策略教学的方法，以下是其特点、方式和利弊：

1. 独立式策略教学

独立式策略教学指教师专门安排固定或一定的时间，选择合适的阅读

---

① 直观知识是指英语中词汇、语法、句法等具体的知识。

材料，确定某一个阅读策略或多个策略组合为教学目标而开展教学。

此模式的优点是教师有足够的时间进行策略指导，也有充足的时间处理教学材料和内容；将阅读策略设为阅读教学正式的教学目标，能使学生更认真对待和重视策略学习。缺点是单独教授策略的话，会影响教学进度，尤其是在第二语言的课堂里，教学时间相对比较紧张；单独教授策略会影响元认知策略，原因在于元认知策略强调的是与学习过程密切相关，与实际的语言学习紧密联系。

2. 融合式策略教学

融合式策略教学指教师并不是将策略学习作为课堂教学目标，而是将策略完全融入到阅读活动中。

此模式的优点是将阅读策略教学融入现有的课程，能够保证原来课程体系或教学体系的完整性；将阅读策略与日常的教学内容结合起来，使学习更自然、更具有意义。与独立式教学模式相比，融入式的教学模式使学生在新的情况下转化和实践更为容易。缺点是学生往往聚焦在语言或者阅读本身，而忽略策略；学生还有可能无法将各种阅读策略联系在一起，或者说综合应用；还可能出现教学要求超过学生接受程度的情况，从而影响教学效果。

3. 附属性策略教学

附属性策略教学是指教师将策略教学当作课堂教学的目标之一，或者说作为课堂教学的环节之一。教师会将一定时间分配到所学内容的反馈、策略教学目标的阐述以及与前面课堂的联系。

此模式具有上述两种模式的部分优缺点，教师会明确地聚焦策略指导，有一定的连续性，前后两堂课能够有所连接，学生更有可能兼顾策略和学习内容本身。在时间上，附属性策略教学比独立式教学更节约。不过此模式在处理策略指导和学习内容的关系上会存在问题。

# 阅读理解策略教学的方法

阅读理解策略与语言的听说读写看技能有所不同。理解策略既具有概念性知识的特点,又具有程序性知识的特点。学生应该知道某一种策略是什么,了解其特点和要求,还应该知道在真实的阅读场景中如何应用策略,熟练使用策略完成阅读任务,并评价应用的效果如何。阅读理解策略的特点决定了其教学方法。卡雷尔(Carrel,1996)认为:教师必须明确地告知学习者策略的内容、策略使用的方式、使用的时间和地点以及如何评价策略的效果。较为常见的模式是皮尔逊(Pearson)和杜尔(Dole)建立的策略培训模式,其使用的环节是:教师示范并解释—学生练习—指导学生如何使用—学生独立练习—应用于新学习任务。

## 阅读理解策略教学的环节

### 1. 确定目标和表现评估标准

在开始任何阅读策略的教学之前,教师要确定阅读理解策略的教学目标,希望通过教学让学生掌握哪种策略或者哪几种策略。制定教学目的的时候要充分考虑学生的实际情况,了解他们原有的阅读能力和应用阅读策略的能力。

与此同时,还要确定评估标准和评估证据。评估标准是指判断学生是否达到了熟练掌握策略的程度,评估证据是指能够反映学生是否掌握策略应用和效果的材料。教师收集的证据既包含传统的理解测试题目和试卷，还有表现性任务和项目、观察和对话记录，以及学生的自我评估。表现性任务可以包括完成各种阅读图、缩写文本、汇报、教授他人等等。在评估任务的设计中，不能仅仅选择故事、小说、诗歌等虚构性文本作为阅读材料，还要考虑说明文、议论文、广告等非虚构文本，以及电影、电视、画报、歌曲、报纸、杂志等多媒介文本。评估的方式和任务越多元，越能反馈学生掌握策略的程度，对学生阅读理解的发展促进作用更大。

教师还要根据评估标准和评估证据来设计教学，而不是简单地根据策略设计教学。从目标到评估证据，再到教学活动，体现了逆向设计理念。策略教学是从以知识为导向的教学转向以素养和能力为导向的教学，因而与逆向设计提倡的实践和能力导向的理念同出一辙。

不同阶段的阅读策略的教学目标侧重点有所不同，比如，想象策略侧重在低年级阶段，综合判断在高年级会应用得更多一点；提问策略和调控修复策略从一开始就应该成为阅读教学中训练和学习的内容。即使是同一个阅读理解策略，在不同年级的要求也会不一样，如提问策略，在低年级阶段，教师要引导和鼓励学生提出事实性和延伸性问题，到了高年级，老师要引导学生提出辨析性、批判性问题。

**2. 教师课堂实践演示**

与事实性和概念性知识相比，阅读理解策略要抽象和深奥得多。而且，策略没有类似学科那样严谨和完整的知识体系，更没有统一和客观的标准。关于策略的知识包括陈述性知识，即是什么；包括程序性知识，即是怎么应用的；还包括条件性知识，即什么时候，为什么运用。教师可以用目标法引导学生认识和理解策略，告诉学生"优秀的阅读理解策略使用者"的标准，展示优秀的阅读者是如何使用阅读理解策略的。策略本身是一种有意识的方法选择和运用的思维与行为，所以不要期待通过无意识的策略教学培养学生的策略意识。

在文本"关键"和"恰当"之处，教师要停下来，向学生演示如何应用阅读理解策略。在阅读之前，先与学生分享关于文本主题、作者以及体裁等方面的知识，然后预测接下来将要发生什么，并告诉学生是什么让你如此预测，预测的理由是什么。在阅读过程中，老师要不断与文本开展对话和交流，并选择合适的时机告诉学生自己的思维活动，如，此刻我在联系以前我读过的一本书，此刻我在大脑里想象这朵花是什么样子，此刻我能够预测主人公并没有真正打算和他的朋友见面，此刻我想知道事情的结局是否真的像汤姆所说的一样。在阅读后，要告诉学生自己的观点是如何变化的，预测和推理是如何随着阅读不断调整的。

阅读本身是极其复杂的思维过程，思维如何发生，策略如何应用，只有通过直观、形象和专业的示范，才能让学生体会和理解。这也对教师自身的阅读理解策略的使用能力提出要求。教师首先是一个专家型的策略使用者，才能给予学生有的放矢和卓有成效的指导。

在教师演示时，"Think Aloud"是母语和第二外语阅读理解策略教学演示时最常用的方法。"Think Aloud"指有声思维，就是受试者（接受测试的人）在完成某项任务的过程中，随时随地讲出头脑里的各种信息，是心理学和认知科学研究中收集研究数据常用的方法之一，它在外语教学当中也有着广泛的运用，在阅读理解策略中应用得更为广泛。信号功能是有声思维最明显的一个功能，用声音帮助思维发出声音，将阅读时思维运行的过程以及结果表现出来，使对方清晰地知道某个阅读策略是什么，为何要用此策略，何时何处如何使用某个策略。

有声思维法最重要的目的是培养学生应用阅读理解策略的意识。通过向学生演示如何应用策略、何处需要使用策略、策略使用带来怎样的思维变化等等，教师告诉学生策略的作用、价值和意义，并引导学生使用策略。在阅读课堂上教师通过有声思维法展示自己在阅读过程是如何应用阅读策略的，阅读策略是如何让自己思考的，策略是如何促进自己理解和建构意义的，这样将阅读过程中内在的思维和过程变得具体化和立体化，使得学生容易学习和模仿。教师可以用第一人称的角度描述自己策略应用的过程，如 I first thought...about the topic, Now I think... This reminds me of a time when I... From the clues or information the author gives... I can conclude that...（本节后附教师用于有声思维教学法的语言支架表）

在演示的过程中，教师可以借助多种手段，如口语、书面语言、图片和投影仪等，或者用荧光笔在纸上画出关键部分、用电脑显示文本，等等，进一步将策略应用变得更直观和形象。教师还可以制作策略卡，将每一个策略写在不同的卡片上，当教师示范时，告诉学生在哪儿可以应用何种策略，并将这张卡片贴在阅读材料上面，让学生看得更清楚。

可视化工具也是教师展示时可以借助的手段。最常见的可视化工具包括图片、视频、地图和图表等，能够使抽象和复杂的策略变得清晰、可见和立体。教师要从文本特征出发设计和选择工具。虚构类文本通常涉及人物、背景、冲突、情节，人物会有主角和配角，背景会有时间和地点，情节会有起因和解决；非虚构类文本会有问题和解决方法、比较和对比、事件起因和影响、描述或清单、顺序或排列等。教师通过可视化工具，按照一定的流程或者结构将文本内容的联系展示出来，告诉学生策略是如何促进理解和组织内容的。

3. 指导式训练

安德森（Anderson，2004）认为，在第二语言阅读教学中，向学生介绍阅读策略的意义是毋庸置疑的。但是大多数语言教师进行阅读策略培训时，只是向学生介绍阅读策略和示范如何使用阅读策略，至于学生自己在阅读中是否真正使用了阅读策略、使用的效果如何等问题，则往往被忽视了。近年来，语言教学研究者指出，教师不仅要向学生介绍阅读策略，而且要帮助学生学会检验阅读策略的应用效果如何。

通过指导式训练帮助学生实践和应用策略显得尤为重要，就像教学生游泳时，在岸上告诉学生游泳的注意事项很重要，但是让学生在水里扑腾，甚至呛几口水更重要，只有学生在水里亲身实践了，他才能真正学会游泳。在学生了解阅读理解策略的概念后，教师应该组织学生练习和应用，在阅读的过程中加强指导和介入，并鼓励学生通过各种方式将思维运行的过程和结果展示出来，强化策略使用意识，巩固阅读的收获。

指导式训练应在教师的指导和帮助下进行，这样教师能够给予学生及时的反馈。活动前，教师先将学生分成4人或者6人一组，然后将材料发给他们，并布置阅读任务，明确策略应用的要求，再让学生阅读。学生阅读后，在小组内交流，分享策略应用的收获。同伴之间的倾听和交流，是学生与学生的阅读对话，类似于建立一个微型的阅读交流圈，可以了解其他同学策略使用的过程和收获。还有种方法是教师读，学生讲。例如，教师读出某个段落，学生讲出该使用何种阅读策略，然后教师执行。也可组织小组或班级讨论学生提出的典型阅读策略在真实和典型语境中的应用个例。

有声思维法不仅仅是教师的教学方法，也是学生应用策略时的交流方法。当学生将阅读策略使用过程展示出来时，他们不可观察的思维过程将转变为可观察的言语行为，从而使教师可以了解学生阅读过程中策略使用方面的具体情况，可以在第一时间给予指导。教师要在学生阅读过程中观察学生，要抓住学生思维发生的时刻，及时地鼓励学生，激发学生的效能感。将思维发生的关键之处显性化地展示出来，学生就能直观地了解到何处应该预测、推理、想象等等，如此，学生就能逐步掌握策略的应用。

此外，学生在描述过程中容易发现自己忽略的问题，从而更清楚自己的思维过程，加深对阅读理解策略的理解以及应用，所以有声思维是帮助学生学会监控自己策略使用情况的最佳方式。

思考-讨论-分享（Think-Pair-Share，简称TPS）是另一种学生交流和分享阅读理解策略应用的方法。TPS法是促使学生就某一话题形成自己的观点，进而与他人分享观点的一种合作学习策略。思考（Think）是学生将阅读理解策略应用到阅读中，并不断思考自己是如何应用的，效果如何。讨论（Pair）是指学生两两结对，互相交流，讲出自己在阅读过程中应用阅读策略的情况。之后，学生代表向全班交流，分享（Share）自己的策略使用过程和收获。无论是两两交流，还是分享交流，都是教师进行个别化指导和观察学生使用情况的重要时机。

4.学生独立应用

经过充分的引导式训练后，学生要有大量的机会以及针对性的练习，应用所教的阅读理解策略，在第一时间强化所学到的策略。阅读材料通常有两种，一种是教材中的阅读文章，但是这类文章会有一定的局限性，有些并不适合于某种特定的阅读理解策略，而且教材里的阅读材料数量有限，文本类型相对比较单一。教师可以从报刊、网络、英语读物等途径选择材料，使得策略教学更有针对性。学生也可以自行选择阅读材料，这样能够激发学生的主体作用和阅读兴趣。教师还可以邀请学生来讲讲选择某个文本的理由，促进学生思考阅读目的，促进文本和策略的联系，并使学生更大程度地发挥主体作用。学生选择文本的过程，也是思考和理解所用策略的过程。

"教是为了不教"，教师不能仅仅为了策略而教学，而应挖掘文本的内涵和阅读的价值，以理解为目标培养学生应用阅读策略，培养真正具有熟练阅读技巧的读者。学生独立应用和实践尤为重要，教师应引导学生学会在阅读中遇到问题时，有能力自主选择阅读策略以解决阅读中遇到的问题。学生通过丰富的文本阅读和针对性的训练，能够在多文本中切换、贯通、应用各种策略，到达熟练掌握的目的。

从教师演示到学生应用，这个过程被黛比称为"责任的逐渐释放（The release of responsibility）"，也就是说学生逐渐负起独立使用策略、独立思考和学习的责任，最终学会独立应用策略。"责任的逐渐释放"可以被形象地总结为四个阶段："I do, You Watch" "I do, You Help" "You Do, I Help" "You Do, I Watch"。第一个阶段是教师应用策略，学生观看教师如何使用，第二个阶段是教师应用，学生参与提供帮助；到了第三个阶段，学生应用策略，教师给予帮助；第四个阶段是学生独立应用策略，教师在一旁观察记录。在此过程中，教学支架逐渐被撤走，教师的指导和帮助越来越少，学生应用策略的能力越来越强，效果也愈发明显，直至能够独立应用这些策略。当学生能完成阅读任务时，说明他们已能应用一系列的阅读策略。但阅读后，老师还应鼓励学生对阅读策略的使用情况进行自我描述、评价和讨论。阅读日记、阅读笔记和读书报告也是很好的总结方式，能够让学生将使用策略和思考的过程比较真实和完整地呈现出来。

5. 评价和评估

评价和评估是策略教学的重要组成部分。在学习和应用策略后，教师要对学生的掌握情况和表现进行及时评价和评估。策略的评价和评估应该是增值性、发展性评价，而不是判断性和鉴别性评价。教师不能仅仅给予学生一个分数，而应该采用多种方式和手段来评价学生的表现。如基于文本特征和策略的量规评价，形式多样的结果表现形式，信息化手段等等。教师还可以采取多元评价的方法，如教师评价，学生自评和同学互评，实现评价主体多元化。教师还可以用描述性和激励性的语言评价学生，让学生能更清楚地看到自己的长处和短处。

在对学生进行策略使用评估时，教师要给学生足够的时间使用策略，从而使得学生能够从容地应用策略，并有机会去思考、调整，形成观点和想法。教师也要允许低龄学生用手势来表达，如用大拇指上或者大拇指下，摇头或点头，还有其他手势或肢体语言，既有趣味性，还能带给学生安全感。（更具体的评价和评估方法见下一节）

## 阅读理解策略教学的要点

阅读理解策略教学的目的是让学生在完成语言学习任务的过程中，提高他们的策略意识、自我评价意识和监控策略应用能力，从而使得学生能够坚持不懈、灵活自如地使用策略，提升阅读能力。学生掌握策略应用，在教学设计上与其他英语课堂教学会有不同之处，以下是教师在设计和教学中要注意的几个问题：

（1）选择较短的文本。

文本的选择很重要，一般应该选择较短的文本或者节选，如果文本较长的话，会影响学生阅读的兴趣和教学时间的安排，也会影响和干扰师生理解策略的应用。教师可以选择一篇小说的开头或课本文章中最难的内容，也可以是诗歌、图画书、短篇小说、新闻报道、杂志或者长篇小说的节选。

（2）预先想到学生可能理解困难的地方。

如同日常的英语教学一样，教师应该考虑到学情，要考虑哪些部分对于学生来说是最难理解的，哪些是影响理解的"拦路虎"，分析这些难点是与内容有关，与结构有关，还是与阅读策略有关。教师还要考虑好自己应如何处理。只有合理的教学预设才能产生高质量的教学效果。

（3）教学目的要聚焦。

一开始一次不能教授给学生太多的阅读策略。阅读理解策略比较抽象，如果一个活动中教师展示太多的策略，学生会感到无所适从，理解会发生混乱。因此教师要遵循"小步走，不停步"的原则，切忌一股脑儿地教给学生太多的策略。阅读的规律告诉我们对文本的理解通常是多种策略应用和相互作用的结果。在教了两三个策略后，教师可以把多个策略融合起来。研究证明，将多个策略教学融合起来的效果比单一策略教学要好。要明确的是，任何一种策略本身无优劣之分，不同的策略对不同的学习者、不同的学习任务会起不同的作用。

（4）发挥教师或者同伴示范作用。

教师在指导或者演示时要经常停下来，与学生分享自己的想法。教师要用清晰和正确的语言展示自己是如何阅读的，如何思考的，如何理解的。这是一种很好的教学方法，让学生真实地学习到策略是如何应用的，如何帮助建构意义的。教师可以告诉学生文本中让自己感到迷惑的单词，并清楚地告诉学生这些单词让你想到了什么策略，如何应用这个策略来解决问题。教师还可以鼓励熟练掌握策略应用的学生发挥示范作用。

（5）阅读策略需要反复训练。

阅读策略的掌握不是一蹴而就的，而是有个漫长的过程，需要反复多次的练习和应用。《高中英语课标》强调学习策略是英语课程学习的内容，教师应该将阅读理解策略培养作为英语阅读教学的重要目标和长期的教学任务，融入日常的阅读教学中，既要根据阅读材料设计相关的阅读策略训练，又要通过阅读策略的使用促进学生对文本的理解和意义的建构，这样阅读理解策略的长期训练和教学才有可能，而不是以单独的形式长期存在于阅读教学中。

（6）理解策略教学的最终目的是培养学生的理解能力。

阅读理解策略教学是阅读教学的组成部分，但不是阅读教学的最终目的。阅读策略的教学不是为了策略而教策略，也不是为了保证学生掌握策略而教策略，而是为阅读理解教学服务的，也是为发展学生阅读能力服务的。学生熟练掌握阅读理解策略的最终标志是学生在阅读任何文本时，在任何时间和任何地方阅读都会有意识地应用策略，并在阅读之后产生理解从而生成新的收获和认知。

贝克（Beck），麦克翁（Mckeown），汉密尔顿（Hamilton）和库坎（Kucan）曾经警告和强调：基于策略的学习指导暗藏着风险，教师和学生的注意力容易被策略本身的特点吸引，而不是关注意义是如何建构的。阅读理解策略的教学始终要与理解的本质联系起来，教师要知道阅读理解的层次有哪些，对应的策略又有哪些，教师所做的一切是为了培养学生成为独立和成功的阅读者。"独立"的含义就是学生看到任何一份材料时，都会无意识地调动思维，有效、有序地灵活使用各种阅读理解策略。

## 阅读过程中的理解策略综合性使用

第三章逐个介绍八个核心策略的工具和教学设计，本章的前面部分也介绍了在课堂上如何开展以策略为教学目标的教学设计。在真实的阅读课堂中，当策略内化为学生的思维时，学生通常会根据文本特点，灵活组合和应用各种策略。需要明确的是，阅读过程一般会遵循以下的规律：

（1）阅读前。

通过阅读标题、图片、图表、概述、小标题等对文本预览，从而唤醒相关的经历和经验,激活背景知识。

预览文本可以帮助学生了解主题、内容和文本类型,有助于学生先了解文本,在此基础上,学生预测文本将要告诉自己什么。

学生通过对自己提问初步确定阅读目的,如作者想要告诉我什么?老师想要我学些什么?我能从中学到些什么?

(2)阅读中。

以各种方法理解阅读中的单词、句子、段落,确保理解一直在发生。方法包括释义、想象等,要总是问自己"我明白了吗?"通过联系、推理、想象和解释将文本内容和个人的已有知识整合起来,产生新的理解和意义。

监控阅读过程,通过使用所有的信息支持系统理解生词,获取文本中的重要内容,当理解出现问题时使用阅读修复策略。

继续预测和提问,不断验证预测和回答自己提出的问题,再形成新的问题,解答问题,循环往复,确保理解一直在发生。

(3)阅读后。

整合情节、核心思想、作者主旨、观点等要素,概括并形成个人的观点。这样的理解通常是基于文本整体的视角,而不是局部的视角。

恰当地回应文本。学生应该能够个性化、批判性、评价性和创造性地回应文本。

将文本和曾经阅读过的材料联系起来,分析和比较;延伸阅读与文本主题有关的材料,拓展文本的深度和广度。

评估是否实现了阅读的目的。自己的提问得到回答了吗?作者的阐述清晰了吗?自己还需要再进一步阅读吗?

## 阅读理解策略的学习评价

### 阅读理解策略的学习评价原则

评价要促进学生的策略应用和掌握，这一点至关重要。评价有助于教师了解学生是否对教学作出积极的反应，还有助于教师对学生的理解困难有更具体的诊断，做出更有针对性的干预。阅读理解策略的评价应遵循以下的原则。

1. 具象化原则

阅读是一种高度个性化的心智活动，而且阅读的心智行为和思维具有隐形化的特征，阅读理解策略的应用更是抽象化和隐形化的。教师仅仅依靠教材文章后面的题目或者试卷题目是无法评估和检测阅读理解策略应用的效果和学生掌握的程度的，要准确地评估学生在阅读过程中与文本互动的质量、阅读速度和持久性几乎是不可能完成的任务。在评价学生应用时要坚持具象化的原则。

每一个学生都有其独特的认知方式和图式知识。教师所要做的就是从学生的表现中找到评价的蛛丝马迹，既要有敏锐的观察能力，又要有合理的评价方式。教师要知道学生阅读时在做什么，是怎么想的，效果如何等，这就是我们所说的具象性原则。教师要倾听学生，问他们问题，还要近距离观察他们的行为，这样教师就能了解学生理解了什么，掌握了什么，还了解他们不知道什么，困难在哪儿，问题的症结在哪儿。这是将学生思维外显的过程。我们要监控学生的阅读过程，以便了解学生长处在哪儿，短板在哪儿，从而进行个别化的指导和教学。

2. 诊断性原则

阅读理解策略的学习评价方式一般有三种：诊断式评价、形成性评价和终结性评价。终结性评价一般借助阅读材料的试题进行，但是试题很难检测出部分阅读理解策略的应用，如想象策略或者自我提问策略。而且，终结性评价不能以某种方式直接或者第一时间反馈到教学中。

最常见的方式是诊断式评价，这种评价可能不那么正式，但是能更真实地反映出学生的阅读状态和理解水平。教师使用诊断式评价收集证据，揭示学生在特定策略应用中的能力和效果。这些证据能帮助教师确定教学目标，选择相应的方法和手段来帮助学习者缩小他们当前的能力水平和期望的学习目标之间的差距。

教师可以根据活动任务和材料特点，选择多样的评估方法和工具，如观察、对话、表格、画画、文字和讨论等等，将学生的策略应用过程比较完整和真实地呈现出来。量规评价是诊断式评价的重要组成部分，教师根据工具和方法，设计量规评价，主要包括评价的项目、分值和评价主体。项目可以从前文所述的视角中选择，分值可以设定不同的分值，评价主体则可以有教师评、学生自评和同学互评。

策略使用评价要坚持定量和定性结合的办法，在量规评价的评价分值附近写上学生阅读的行为和表现，以描述性的和可解释的方式呈现，使得评价数据和结果更真实，更全面。要告知学生评价结果，并进行交流，使学生在交流过程中知道自己策略掌握的情况，了解自己的长处以及需要改进之处。这也是一种形成性评价，教师可以采用非正式考试或单元测验的形式进行，随时了解学生策略应用的进展情况，获得教学过程中的连续反馈，并为学生最终的策略评价提供过程性的原始资料。

3. 意义化原则

评价还要坚持意义化原则，立足点应该是学生如何使用阅读理解策略，学生对文本的理解程度如何，策略是如何产生意义并促进理解的。举个例子，当学生阅读时遇到了材料中人物从自行车上摔下来的情节，一个学生是这样联系的：我也像故事里的人一样曾经从自行车上摔下来。还有一个学生是这样联系的：我曾经从自行车上摔下来，我能体会到他摔下来时的感觉，不想再骑车了，我当时摔下来时也是这样想的，我还打赌他会像我一样感到紧张。显而易见，第二个学生的个人经历与故事中的人物建立了联系，学生与文本中的人物发生了共情，更好地理解了人物的情感和感受。第一位学生尽管也发生了联系，但是这样的联系是表面化的，因为没有更好地体会人物的感受。

## 阅读理解策略的学习评价视角

教师应该了解每一个阅读理解策略的特点以及相关的思维行为，这样，教师就清楚地知道应该从哪些方面评价学生，设计评价标准。以下是每一个策略的评价视角：

（1）联系。

学生能够使用背景知识建构意义，强化理解，和文本进行深入互动；学生能够将文本与他们的生活、不同的文本、世界和历史联系起来；学生能够区别有意义和相关的联系与无意义和不相关的联系；学生在阅读过程中能够持续建立、改变和调整他们的背景知识，与他人积极交流和分享，不断积累阅读经验，完善认知结构，增加背景知识。学生能将背景知识与文本结合起来，进行想象、预测、自我提问、推理、辨析重点。

（2）预测。

学生能在恰当的时刻进行预测；能用合理的证据预测作者的写作意图；能够基于文本内容和阅读进展调整预测；能够使用句子结构和语义知识预测意义。

（3）想象。

学生能够在独立阅读时想象，能用感官想象文本的结构；能根据文本内容选择感官想象的形式；能根据文本的内容用不同的感官想象；能理解比喻和拟人等手法；能够使用想象复述文本和推理文本；能够解释在阅读过程中随着信息的输入想象发生的变化；能够用图画和图表来展示文本。

（4）推理。

学生能够借助背景知识推测生词的意义，关注文字和图片等信息；能够借助个人经验和文本线索推理，确定主旨或中心思想；能从词、句、段落和整个语篇不同层面推理；能借助文本的内容和特征进行推理；能用合理的证据进行推理；能够基于文本内容和阅读进展调整推理。

（5）提问。

学生能够有目的和自发地在读前、读中、读后提出问题；提出的问题与文本密切相关，并与文本开展互动；在阅读过程中积极提问，并主动寻找答案；生成作者想要读者回答的问题；提出的问题层次丰富，包括事实性问题、辨析性问题和评价性问题；能够倾听同学的提问，把倾听同学的问题看作是激发自己提问的学习方式。

（6）确定重点。

能根据作者的写作意图和主旨识别重要的信息；能区别重要信息和不重要信息；能识别虚构性和非虚构性的文本结构，知道文本特征代表的功能，并能从文本特征中获取意义；能够用识别的重要信息回答教师和自己的问题并用于分析、判断和评价。

（7）调控和修复。

能够在阅读理解发生偏差和困难时停下来；能够将发生偏差和困难的地方清晰地表达出来；能够采取针对性的措施解决阅读中存在的问题；能够基于不同的文本类型调整阅读方式和思维。

（8）形成观点。

能按照一定的顺序进行个性化的复述；在阅读前、阅读中和阅读后按照一定的图谱组织信息；能够利用文本辅助和可视化线索概括；能从作者、教师和学生的视角考虑阅读意图，能够联系其他文本和现实、历史，生成独特的观点和结论；能进行分析和判断。

如果要评估多种策略的使用，那可以从以下的角度考虑：
- 正确性：是否一直在正确地使用策略探究意义？
- 灵活性：是否灵活地组合和应用各种策略，或者是否能够在阅读特定的文本时选择相应的策略？
- 效果：是否能够在策略的使用和意义间建立清晰的联系？
- 主动性：是否能够在读前、读中、读后或者在小组讨论时主动地使用策略？

# 阅读理解策略的教学设计工具和案例

## 教学设计工具

（1）"思考－交流－分享"表。

| Think---Pair---Share ||
|---|---|
| Title： | Topic： |
| Partner 1's Opinion： | Partner 2's Opinion： |
| Conclusion： ||

使用说明：此工具根据"Think-Pair-Share"合作方法而设计。学生先两两结对，互相交流，讲出自己在阅读过程中应用阅读策略的情况，在此基础上，形成两人的共识或者结论。小组可以将结论向教师作汇报或者向同学们展示，促进交流和分享。此工具还可以用于其他阅读理解策略的学习和交流。

（2）教学设计模板。

### Model for a Strategy Lesson

**PRE-READING**

**1. Prior knowledge questions to ask to get students ready to read**

<u>Questions related to the topic/title:</u>
T: Does the title or cover give us any clues about this text? What are the clues?

<u>Questions related to the genre:</u>
T: Is this text fiction or nonfiction? It is fiction, is it a short story, drama, novel, poetry? How can you tell? What do you expect to find in this genre?

<u>Questions related to the author:</u>
T: Have you read anything else by this author? What? Based on other things you have read by this author, what do you expect this passage to be like?

**2. Predictions to encourage**

T: (for fiction) What do you think will happen in this text?
(for nonfiction) What do you expect to learn?

**3. Purpose to establish**

T: What do you hope to find out as you read this text?

**4. Vocabulary to teach**

（1）Choose six to eight important words from the reading selection.(No more than four unknown words should be presented at one time.)
（2）Write the words on a white board, chalk board, or transparency.
（3）Ask students how they predict each word will connect to the reading.
（4）Provide instruction for any words that students do not understand.
Write new vocabulary words here:

**DURING READING**

**1. The focus strategy and other strategies**

**2. Applying the focus strategy and other strategies**

Note some places in the reading selection where you want to model or prompt the use of the focus strategy for students：

## Model for a Strategy Lesson

**3. Working with words**

Select some words you want to highlight for students to study. Why are you studying these particular words?

**4. Building fluency**

Identify some good passages in this reading selection for students to practice their phrasing and expression during oral reading.

**AFTER READING**

**1. Strategy Follow-up Activities**

**2. Discussion Questions about the Content of the Text**

Constructing basic meaning：

Analyzing the text：

**3. Questions for reflecting on the reading process:**

**4. Question for written response to text:**

**5. Activity for connecting reading and writing through author's craft:**

使用说明：此工具由博伊尔斯（Boyles）设计，有修改，可以用于阅读理解策略教学课的设计，分成了读前、读中和读后三个环节。

（3）阅读理解策略量规评价模板。

| | Comprehension Strategies Self-Assessment | |
|---|---|---|
| Stage | Strategies | Assessment ( full point: 10 ) |
| Before reading | Know the purpose of reading. | |
| | Think about what I already know about this topic. | |
| | Make predictions about what I think the text will tell me. | |
| | Pay attention to the text structure and feature. | |
| During reading | Stop to visualize. | |
| | Stop to ask question. | |
| | Stop to infer. | |
| | Reread parts I don't understand. | |
| | Predict and then confirm or change my prediction. | |
| | Figure out unknown words by using the words around them and word parts. | |
| After reading | Go back and look at the important information and notes to organize. | |
| | Think about how the reading relates to other texts, life and world. | |
| | Reflect on how I will read. | |
| | Synthesize the text. | |

使用说明：这个工具可以用于学生自我评价阅读理解策略的运用，评价针对阅读的整个过程以及所有的阅读理解策略，部分策略是对本书所介绍的核心策略的细化或延伸。学生可以根据自己的表现在最右边一列写上分值或者说明。

（4）有声思维教学法的语言支架。

| | Model for Instruction in "Thinking Aloud" |
|---|---|
| 策　略 | 问　题 |
| 联系 | This reminds me of a time when I...<br>I know this topic because I....<br>The setting of this story is just like...<br>This book is something like...<br>What's going on in this book is just like what's happening in...<br>When I read..., I am reminded of... |
| 预测 | From the topic, I can predict...<br>According to the picture, I guess...<br>Here I can think the character will... |
| 想象 | The author gives me a picture in my mind when he or she describes...<br>I can really see what the author talks about when he or she...<br>I can draw a picture of what the author describes... |
| 推理 | The author says this, but means...<br>If I read between the lines, the author tells me that...<br>The clues to prove my inference are...<br>Because of what the author said, I know that...<br>From the clues or information the author gives, I can conclude that...<br>I think that will happen next because the author says... |
| 提问质疑 | Before I read this text, I wonder about...<br>While I'm reading, I try to figure out...<br>After I read, I ask myself...<br>I wonder why...<br>What does this word mean?<br>Why did... do that?<br>Why did the author put that part in there?<br>When I read... I wonder... |
| 确定重点 | I know these parts of the story are important because they match my purpose for reading, which was...<br>I believe the author thinks... is important because...<br>I think the author's opinion about... is... because...<br>This text uses the (cause/effect, problem/solution, description, compare/contrast, sequence/steps in a process) text structure. I can use a graphic organizer to help me understand it.<br>I see lots of information right here. I need to identify which parts are important and which parts are just interesting.<br>All these ideas are important, but I think some are more important than others. I need to determine which ideas are the most important.<br>This (chart, table, graph, time line) helps me understand that...<br>These (boldfaced words, font changes, bullets, captions) help me locate what is important.<br>Let me take the big ideas and summarize the text. |

续表

| Model for Instruction in "Thinking Aloud" | |
|---|---|
| 策　略 | 问　题 |
| 调控和修复 | I cannot understand the word. I should try it out.<br>I cannot make sense here. I must stop to check the understanding.<br>I decide to stop reading here, because I miss the meaning of the sentence.<br>I am confused when I read...<br>I have questions about this part because it doesn't make sense. I need to make sure I read it right. If I reread and fix a mistake, that might answer my question. |
| 形成观点 | This story or passage is really about... My views on this area is...<br>My opinion of... is...<br>I first thought... about the topic. Now I think...<br>My judgment of this information is...<br>From this information, I can generalize that... |

## 教学案例

1. 想象策略示范教学（单一策略教学）

**Text:**

"Keeping pet dogs is not a good idea, says Matt"

(From Shanghai Oxford English 9A Unit 3 "Head to head")

**Procedure:**

1. Before reading: Explain the strategy that will be modeled.

(1) Name the strategy application: (Elicit the strategy)

　　We can visualize the content in a passage or imagine what is happening.

(2) Explain the "Visualization" strategy. (What is it?)

　　Good reader can form mental picture based on an author's description and on their own prior knowledge. We can use our five senses to create a mind picture of what is happening in the text. By visualizing what is happening in the text, we are likely to notice and remember details, understand deeply, construct meaning.

(3) Explain how you use the strategy. ( Offer simple steps)

·Read the passage slowly and carefully, be patient.

·When you come to an interesting section or detail, stop and ask yourself: What's in my mind? What are the details?

·Remember to connect your details during the reading so that you can understand the topic better.

·When you get the end of reading, see how the picture help you understand the text.

·When you finish reading, close your eyes and recall the text structure, the story plot or key part.

·You can draw the pictures or graphics to represent your visualization during the reading and after reading if you can.

(4) Explain what's the best time to use this strategy. (When can we use it?)

This is a strategy that we can use before, during and after reading. If you read the fiction, try to think about the following questions: "Are there any illustrations or details?" "Can they help me predict or understand the story?" If you read the non-fiction, try to think about these questions: "Are there any graphics, such as maps, charts, pictures, graphs?" "How do I think these graphics might relate to the text?" After reading, Try to picture the main plot of the story or the main part of the text.

2. During reading: Model the students how to visualize the main supporting details for the opinion.

·They leave fur and hair on the floor, on beds and on sofas.

·Some dogs bark at people they don't know.

·They have no choice but to keep their dogs in small spaces.

3. After reading: Reflect on why this strategy is important to good

comprehension. (How does it help? )

This strategy is helpful in reading the passage because the visualizing in the text can enable us to understand Matt's opinion. Maybe we should not raise pet dogs in the small house and if we don't take care of the pet dogs, there will be a lot of mess. Visualizing the four supporting ideas in sequence makes us remember the text better.

**案例说明：**

这是一个教师应用"有声思维"方法，示范和教授想象这个单一策略的案例。选用的阅读材料是上海版《牛津英语》九年级上的阅读材料的第二部分，讲了 Matt 反对养宠物狗的观点。整个教学环节分成五个部分：引出所要教的想象策略，解释想象策略的基本概念，告诉学生应该如何使用，指出此文本中应用想象策略的地方，以及反馈应用此策略对于促进文本理解的价值和作用。通过教师的示范和讲解，学生直观地获得关于想象策略的陈述性知识、程序性知识和条件性知识，知道这个策略是什么，如何使用，在何处使用等。

2. 综合策略示范教学

**Text:**

The excerpt from "The life and times of Lily: Memoir of a Mutt by Lily"

### The life and times of Lily:Memoir of a Mutt by Lily

I am NOT a bad pup! And I'll bark at you if you say that I am bad! I am very, very cute and also cuddly! And the people I live with practically trip over themselves catering to my every whim. There's no little house in the backyard or crate in the kitchen for me to sleep in! Oh, no! I put my pretty little head down each night between two king-size pillows on little Caitlin's bed. And most of the time, I leave room for Caitlin, too. "Two princesses," her Mom and Dad say when they tuck us in each night and turn out the light.

**Procedure of strategy modeling:**

1. Think Aloud about the title, subtitle, and author.

(1) Before beginning to read this text, let's see if there are any clues in the title, or if I know anything about the author. Well, I'm **noticing** that this piece of text is about Lily and it's also by Lily. The author is writing about herself. I'm also **noticing** that Lily doesn't have a last name. That's a little strange. I'm **wondering** why.

(2) I'm **noticing** that this is a memoir, which means it tells about someone's life experiences. But it may not have everything in it that a story has—like a problem and a solution.

(3) I'm **noticing** too that it says "memoir of a mutt". I know that a mutt is a dog, so Lily couldn't have really written this about herself. I'm **predicting** that the author is probably writing this from Lily's point of view.

(4) I know already that I can make some **connections** to this text because I have a dog. Sometimes she has some pretty crazy adventures. But I love her anyway. I wonder if Lily is anything like my dog.

(5) As I read this memoir, I'm going to try to **infer** why the author wrote about the dog.

2. Think aloud about the passage.

(1) I'm **noticing** that I was right about the author writing this memoir from the dog's point of view.

(2) I'm **inferring** that this dog really is bad, even though she says she isn't. I have proof: Her people wait on her. She sleeps on a "people bed" between big pillows, and she is called "a princess" .

(3) I can **infer** the meaning of the word "cuddly". The author says "It is cute" and there is "also" before the word, so it must be "lovely " or "cute" .

(4) I can also **infer** that this must be a small dog. The author says she sleeps between two pillows on Caitlin's bed, she'd have to be small to do that. I **wonder** what kind of dog this is. And **who is Caitlin**? Maybe I'll find out if I keep reading.

(5) The author is describing a scene here, so it's a good place for me to try to make a picture in my mind. I can **picture** this whole scene. I **bet** this bed is a mess.

此案例改编自 "A Practical Example of Strategy Modeling" from Nancy Boyles. *Constructing meaning through kid-friendly comprehension strategy instruction* (p.22). USA: Maupin House Publishing. 2014.

**案例说明：**

这是将多种理解策略应用到文本阅读中的教师示范案例。文本节选自关于一条宠物狗的故事，从标题到内容，字数并不多，只有 120 个词左右，但是教师应用了六种理解策略进行思考和阅读。黑体字部分是教师的思考和应用阅读理解策略的地方。

教师从标题和副标题开始应用策略，通过联系、确定重点、猜测等策略，猜测文本、作者的主题和信息。读前的策略通常帮助读者确立阅读目的，激发阅读兴趣，有利于推理文本的主旨。在片段的阅读过程中，老师始终关注文本的细节和信息，根据实际情况应用策略，如想象、推理、猜测、确定重点，并不时地调适自己的阅读过程，根据前后的信息，验证自己的想法，使得阅读过程变得积极、主动，同时促进了对文本的深入理解。

3. 策略示范教学

**Text:**

"A Pioneer For All People"

(From New Senior English For Chinese students book 4 Unit 2)

**Teaching target:**

By the end of the lesson, the students are expected to:

(1) Master the target words: struggle, decade, super, output, hunger, disturbing, expand, circulate, battle, equip, thanks to, rid...of...

(2) Use the -ing form as either the subjects or the objects.

(3) Know the text structure of the biography.

(4) Use the focus strategy "Determining the importance" and other strategies.

**Procedure:**

**Before Reading**

1. Raise prior knowledge questions to ask to get students ready to read.

Questions related to the topic/title:

T: Does the title or the topic of the unit give us any clues about this text? What are the clues?

Questions related to the genre:

T: Is this text fiction or nonfiction? If it is non-fiction, what is it? How can you tell? What do you expect to find in this genre?

Questions related to the topic:

T: Have you read or known some pioneers in different fields? What do you expect this passage to be like?

2. Encourage students to predict.

T: What do you expect to learn in the text?

3. Set a purpose to read.

T: What do you hope to find out as you read this text?

4. Teach vocabularies and structure.

(1) Choose eight important words from the text and ask students how they predict each word will connect to the reading.

  struggle circulate expand rid equip disturbing export expand

(2) Provide instruction for any words that students do not understand.

(3) Ask students to write a story according to the words and learn to predict.

(4) Have a "Scavenger Hunt" to find the sentences beginning with -ing form and change them into another form.

**During reading**

1. Apply and model the focus strategy and other strategies:

(1) Raise questions for the text structure.

Please have a quick look at the text and tell what kind of genre it is.

Would you please share your opinion and discuss the feature of the biography?

Could you please write the key information according to the text structure?

Please write down the main idea of each paragraph.

(2) Note some places in the reading section where to model the focus strategy to students.

  struggled for the past five decades

  to grow rice that has a high output

  hunger was a disturbing problem

  the time: born in 1930; in 1974

  keep time for his hobbies

  doesn't care about being famous

  dream

(3) Note some places in the reading passage where to model the other strategies.

Visualize the sunburnt face of Yuan Longping.

Wonder why Yuan Longping considers himself a farmer.

Connect your dream with Yuan Longping's dream.

Infer why spending money on himself or leading a comfortable life also means very little to him.

(4) Have the students complete the following tasks and check.

To write a summary according to the 3W (What's the topic, What's the topic about, Why does the author write it).

To complete the biography of Yuan Longping according to the biography features.

(5) Build reading fluency.

Identify the second passage in the text for students to practice their phrasing and expression during oral reading.

**After reading**

1.Have strategy follow-up activities.

Ask the students to choose important words to describe Yuan Longping.

2. Have the students discuss the following questions and make presentation.

(1) If you had the chance to do one thing to help end hunger in the world, what would you do?

(2) How do you understand "Just dreaming for things, however, costs nothing, and dream is not always enough "?

**Homework**

Text plus: Choose a pioneer in your heart and compare the pioneer and Yuan Longping.

**案例说明：**

这是一个在课堂上应用和教授阅读理解策略的案例。这节课采用融合式策略教学模式，也就是说，教师并不是将策略学习作为单独的课堂教学目标，而是将策略完全融入到阅读活动的教学模式中。所以本节课的教学设计围绕语言学习、阅读能力和阅读策略多方面展开。

这节课选用的材料是人教版《英语》高二下必修 Unit 2 的 "A Pioneer For All People"，本课主要介绍的是科学家袁隆平的生平、事迹、成就和品格。此文本类似于人物传记，具有人物类介绍的文本特征。所以，本堂课教学将"确定重点"策略作为重点教学目标。确定重点信息的前提是了解文本特征和阅读目的。在学生读前或者一开始时阅读的时候，教师设计了活动和问题激发学生的文本意识和阅读目的，使得学生知道如何通过文本特征获得重点信息。在阅读过程中，教师有意识通过师生的活动，引导学生在重点应用"确定重点"策略的基础上，应用想象、猜测、形成观点、推理等策略，体现了分析、判断、应用和创造等思维，从而批判性和建构性地理解文本。策略的应用和教学体现在读前、读中和读后。

除了阅读策略教学之外，还有围绕语言学习设计的活动，例如，寻宝活动找带有"ing"的句子，词汇的学习和应用，口语表达以及比较分析等等，使得本堂课具有两条主线——阅读理解策略学习和语言学习，从而培养学生的阅读理解能力、语言基本知识和用英语解决问题的能力。

# 附录 1：第三章练习参考答案

### 第一节

Sample response: I once saw an ice skater practice jumps and turns. Thinking about this, I understood what the Rockettes go through when they practice.

### 第二节

Any reasonable answer is ok.

### 第三节

Sample response: Bog snorkelling was easiest for me to visualize because of the silly costumes mentioned.

### 第四节

1. No, it cannot be inferred.
Even though we learn that federal protection has done little to slow the decline of the species, we can't infer anything about whether poachers have anything to do with the decline.

2. Yes, it can be inferred.
"Not all" statements can be translated as "some aren't/some don't", so this statement means "some tortoises do not live in marshlands." From the fact that the desert tortoise

is not allowed to be removed from southwestern North American deserts, we know that some tortoises live in the desert. We can use common sense definitions, so it's safe to say that desert is not the same as marshland.

3. Yes, it can be inferred.

We're told that female desert tortoises can't breed until they are 15 to 20 years of age. We're also told that a hatchling's shell does not become protective armor for at least 5 years. So if a female was 15 years old when she had a baby, that baby's shell would not become protective armor until the mother was at least 20 years old.

4. No, it cannot be inferred.

"The penalties for violating federal protection" are out of scope. In general, it's very dangerous on any inference question to predict the outcome of a hypothetical. Had the passage said something like "weak federal penalties led to more violations, which accelerated the decline of tortoises," we would have had more support for this, but it's still dangerous to assume what would have happened in a counter factual.

5. Yes, it can be inferred.

We know that a mature female will lay only a few eggs annually, and that's only if forage is available.

We also know that only 5 percent of young tortoises reach adulthood. Even if a female were to have a banner year and lay five eggs, that would still only lead to an adult about 25 percent of the time. The exact calculation is beyond the scope of the LSAT（LSAT 是这些测试题的教材的缩写）,but the result is clearly less than 50 percent likely. We're safe calling something "unlikely" as long as its likelihood is less than 50 percent.

6. No, it cannot be inferred.

Though we know that the adults neglect the young, we are told nothing about how the young cope with this. Maybe each little turtle tries to go it alone.

7. No, it cannot be inferred.

While we know that the shell hasn't hardened into protective armor, it may still provide some advantages. Perhaps it keeps in moisture or shields the tortoise against UV rays.

8. No, it cannot be inferred.

We are only told that low reproductive potential is "partly responsible" for the species' decline, so we cannot make the leap of saying that it has contributed more to the tortoises' decline than something else.

## 第五节

Sample question: How does Sonya Thomas stay in shape?

## 第六节

1. Practise on the reading purpose

(1) inform

(2) persuade

(3) entertain

2. Practise on the main idea.

(1) c.

(2) a.

(3) b.

## 第七节

Sample response: I'd like to know more about Sadie's favorite project. I wonder if the characters she animated were imaginary or realistic animals.

## 第八节

Responses will vary.

# 附录 2：参考文献

1. Susan Zimmermann, Chryse Hutchins. *7 keys to comprehension*. New York: Three Rivers Press, 2003.
2. Debbie Miller. *Reading with meaning*. USA: Stenhouse publishers, 2013.
3. Nancy Boyles. *Constructing meaning through kid-friendly comprehension strategy instruction*. USA: Maupin House Publishing, 2004.
4. Cris Tovani. *I read it, But I don't get it-Comprehension Strategies for Adolescent Readers*. USA: Stenhouse Publisher Portland, 2000.
5. Judi Moreilion. *Collaborative Strategies For Teaching Reading Comprehension*. Chicago: American Library Association, 2007.
6. Stephanie Harvey, Anne Goudvis. *Strategies that work*. USA: Stenhouse Publisher Portland, 2007.
7. Jeff Zwiers. *Building reading comprehension habits in Grade 6-12* (2nd ed ). USA: International Reading Association, 2010.
8. Beck, I.L, McKeown, M.G, Hamilton, R.L., & Kugan.L. *Questioning the author: An approach for enhancing student engagement with text*. Newark, DE: International Reading Association, 1997.
9. Doug Buehl. *Classroom Strategies for interactive Learning* (4th ed ). Newwak, DE: Inernational Reading Association, 2004.
10. Elaine K. Mcewan. *40 Ways to support struggling readers in content classrooms Grade 6-12*. USA: National Association of Secondary School & Corwin Press, 2007.
11. Carleen daCruz Payne. *Shared Reading for Today's Classroom*. USA: Scholastic Patricia L. Carrell & Joan C. Eisterhold. Schema Theory and ESL Reading Pedagogy, 2005.

12. Ellis R. *The Study of Second Language Acquisition*. Oxford: Oxford University Press, 1994.
13. Gall. Sythesis of research on questioning in recitation. *Educational leadership*, 1988(42): 3-5
14. Sara cotterall, Hayo Reinders. 学习者策略教师指南 [M]. 北京：人民教育出版社，2008.
15. Mary Lee Field. 文本特征与阅读理解 [M]. 北京：人民教育出版社，2008.
16. 郑钢. 怎样让学生爱上阅读 [M]. 上海：华东师范大学出版社，2019.
17. 珍妮弗·塞拉瓦洛著，刘静，高婧娴译. 美国学生阅读技能训练 [M]. 北京：北京科学技术出版社，2018.
18. 王笃勤. 英语阅读教学 [M]. 北京：外语教学与研究出版社，2019.
19. 谢忠平. 中学英语阅读课程与教学 [M]. 上海：华东师范大学出版社，2017.
20. 教育部. 普通高中英语课程标准（2017年版）[M]. 北京：人民教育出版社，2018.
21. 王蔷，陈则航.《中国中小学生英语分级阅读标准（实验稿）》[M]. 北京：外语教学与研究出版社，2016.
22. 牛晓宁. 母语阅读策略迁移对英语阅读教学的启示 [J]. 安徽文学，2010（11）.
23. 商曰武. 初中英语阅读教学中高阶思维的培养 [J]. 教育周报. 教研版，2019.（03）.
24. 俞向军，宋乃庆，王雁玲.PISA 2018 阅读素养测试内容变化与对我国语文阅读教学的借鉴 [J]. 比较教育研究，2017（05）.
25. 郑新丽.2019 PISA 阅读素养评估变化及对我国语文教学的启示 [J]. 教育探索，2018（01）.
26. 丁爱琴. 英语阅读教学任务设计中文本特征的运用 [J]. 教育导刊，2013（12）.
27. 吴莉群. 预测策略训练对初中生英语阅读能力影响的实验研究 [D]. 广州：广州大学，2018.
28. 陈先云. 预测阅读策略单元的编排及教学需要注意的问题 [J]. 小学语文，2018（9）.
29. 段素琴. 浅谈阅读理解中的预测及方法 [J]. 教学与管理，2004（10）.
30. 石蕴玉. 预测策略在高中英语阅读教学中的应用 [J]. 外语教学与研究，2015（04）.
31. 柳淑瑛. 视觉想象策略下的绘画在英语阅读教学中的实践探索 [J]. 基础英语

教育，2015（1）.

32. 李真. 双重代码理论在英语阅读中的应用 [J]. 商丘职业技术学院学报，2013（06）.

33. 王荃. 教育心理学视角下的外语学习策略研究述评 [J]. 西部教育研究，2014（09）.

34. 熊金霞. 英语阅读联系设计与阅读策略的培养 [J]. 中小学外语教学，2007（10）.

35. 镇祝. 阅读教学中任务设计的有效性——一个阅读教学课例分析 [J]. 中小学教学与研究，2012（05）.

36. 邓秀华，陈贤淑. 英语教学中学生问题意识的研究 [J]. 内江师范学院学报，2004（05）.

37. 何周春，龚彦知. 中学英语课堂提问与焦虑调控 [J]. 教学研究，2010（1）.

38. 方露辉. 初中英语教学中培养学生提问能力的策略与实践 [J]. 中小学英语教学与研究，2018（11）.

39. 周林. 高中英语阅读教学中学生问题意识培养的理性思考 [J]. 中小学英语教学与研究，2011（02）.

40. 陈纯纯. 阅读理解策略教学对小学生阅读理解能力及后设认知之影响 [D]. 上海：华东师范大学，2012.

41. 卞金华. 基于文本特征的阅读教学实践 [J]. 中小学外语教学，2014（11）.

42. 徐国辉. 中学生英语阅读策略使用与指导现状调查与对策 [J]. 中小学外语教学，2019（05）.

43. 黄海丽. 高中英语阅读文本的解读 [J]. 中小学英语教学与研究，2013（01）.

44. 杨谢友. 充分利用文本特征，提高学生阅读能力 [J]. 中小学英语教学与研究，2011（专刊）.

45. 苏克银. 文本意义的层次、理解策略及任务设计初探 [J]. 中小学英语教学与研究，2016（01）.

46. 张静. 初中生英语阅读策略培训与课堂教学整合研究 [J]. 教师，2015（09）.